KB197839

MASTER LECTURER'S SECRET

명강사 시크릿

김순복 강혜원 김성희 김수연 김순화 김현숙
박동철 배혜숙 백세영 소경희 이남희 이형모

한국강사
교육진흥원
KOREA INSTRUCTOR TRAINING AGENCY

명강사 시크릿

1판 1쇄 인쇄 2024년 12월 2일
1판 1쇄 발행 2024년 12월 5일

발행인 김순복
기획 김순복
펴낸 곳 (주)한국강사교육진흥원
등록번호 제2024-000061호
주소 경기도 성남시 분당구 야탑로 81번길 10, 511-1호
전화 1661-9636 / 010-9242-1701
홈페이지 https://trainingservice.modoo.at
e-mail kangsaedu1@naver.com
보급 및 유통 대경북스(02-485-1988)

ISBN 979-11-988738-2-8 03320

프롤로그

교육은 학습자의 삶을 변화시키고, 새로운 가능성을 열어 주는 힘을 지닌 여정이며, 사회의 미래를 결정짓는 중요한 요소입니다. 한국강사교육진흥원은 이러한 교육의 가치를 높이고, 강사들이 그 본질을 깊이 이해할 수 있도록 돕는 역할을 하고 있습니다. 그 일환으로 한국강사교육진흥원에서 활동하는 12명의 명강사가 모여, 그들의 경험과 철학을 통해 교육의 새로운 패러다임을 제시하고자 합니다.

강사는 청중의 마음에 감동을 주고, 삶의 방향성을 제시하는 멘토이

자 변화의 촉진자로 중요한 역할을 수행합니다. 이 책의 첫 번째 장에서는 명강사가 되기 위한 철학과 비전을 다룹니다. 교육에서 가장 중요하게 생각하는 가치는 무엇인지, 그리고 강사로서 성장하는 과정에서 어떤 경험들이 우리를 더욱 강하게 만들었는지를 이야기합니다. 청중에게 긍정적인 삶의 태도를 심어주는 것이 우리의 목표임을 다시 한번 확인하는 기회가 될 것입니다.

두 번째 장에서는 강의 준비와 설계의 중요성을 강조합니다. 강의 주제를 설정할 때 고려해야 할 요소들은 물론, 체계적이고 효과적인 강의 준비 과정이 어떻게 이루어져야 하는지를 설명합니다. 다양한 학습 자료와 도구를 활용하는 방법도 함께 나누며, 명강사로 성장하기 위한 실질적인 경로를 제시합니다.

세 번째 장에서는 효과적인 강의 진행 기술에 대해 논의합니다. 청중의 관심을 끌고, 그들의 집중력을 유지하기 위한 다양한 기법을 공유합니다. 강의는 단순한 강의가 아니라, 청중과의 소통과 교감의 과정임을 강조하며, 성공적인 강의를 위한 개인적인 팁도 아낌없이 나누었습니다.

마지막으로, 강사로서의 성장과 발전에 대한 전략을 다뤘습니다. 전문성을 지속적으로 향상하기 위한 자기 계발 방법, 변화하는 교육 환경에 적응하기 위한 전략, 그리고 강사로서의 브랜드를 구축하는 방법을 통해 우리는 더욱 영향력 있는 교육자로 거듭날 수 있습니다.

이 책은 명강사들이 각자의 경험과 지혜를 나누며, 교육의 본질을 탐구하는 소중한 기회입니다. 청중과 소통하며, 그들의 삶을 어떻게 변화시킬 수 있는지를 보여주는 지침서가 될 것입니다. 독자 여러분이 이 책을 통해 새로운 통찰과 영감을 얻고, 강사로서의 여정을 더욱 풍요롭게 할 수 있기를 바랍니다. 교육 현장에서 더욱 빛나는 존재로 함께 교육의 미래를 만들어 나가는 여정에 동참해 주시겠습니까?

㈜한국강사교육진흥원장 **김 순 복**

(《벼랑 끝 활주로》, 《100억짜리 강의력》 저자)

차 례

제3장 효과적인 강의 진행 기술

제4장 강의 중 문제해결 전략

제5장 강사로서의 성장과 발전

1

명강사의 철학과 비전

1

교육에서 가장 중요하게 생각하는 가치

**삶의 가치를 분별하고 성찰할 수 있는 지혜는
어디에서 오는가?**

강혜원

　아침 일찍 일어나 몸단장을 마치고, 현관 거울에서 내 모습을 확인하며 옷을 여미고 얼굴을 가다듬는 그 순간, 일상에서 소중한 의식이 나를 깨운다. 현관 손잡이를 메마른 손가락으로 움켜잡고 대문을 밀어내며 한 발짝 내딛는 순간, 외부 세계와의 경계가 허물어지고, 차분하고 편안한 마음으로 목적지를 향해 걸어간다.

　교육을 시작하기 전에 '목적의 원인'을 뚜렷이 알고 가는 것이 얼마나 중요한지 항상 마음에 새기고 있다. 각자가 지닐 가능성을 표현하고, 자신의 이야기를 통해 주제의 방향을 일깨우는 것은 교육의 핵심이며, 서로의 생각을 나누고 깊이 있는 소통을 통해 더 나은 배움을 창출할 수 있다고 항상 믿고 있다. 이러한 소통은 단순한 정보의 전달을 넘어, 서로의 경험과 감정을 이해하고 공감하는 데서 시작된다. 각자의 관점을 공유함으로써 우리는 새로운 통찰을 얻고, 문제를 다양한 관점에서 바라볼 수 있으며, 교육의 현장에서 만나는 모든 순간이 나와 타인을 연결하는 소중한 경험이 되기를 바란다. 이러한 경험을 통해 우리는 서로의 존재를 이해하고, 함께 성장하는 기회를 가질 수 있다. 교육이란 단순한 지식의 전달이 아니라, 인간관계를 통해 서로를 알아가는 과정임을 잊지 말아야 한다. 나는 교육의 흐름은 가르치는 '인'과 배우는 '인'과의 관계에서 출발해야 한다고 생각하고 있다. 이 관계적 유의성을 '원인'으로 삼아, 현실의 삶의 '목적'과의 균형을 맞추는 것이 중요하다. 우리가 서로의 생각과 감정을 나누고 소통하는 과정은 단순히 개인의 성장을 넘어, 공동체의 발전에도 크게 이바지 한다. 이러한 관계는 우리의 행동과 선택에 의미를 부여하며, 궁극적으로 삶의 목적을 정의하는 데 중요한 역할을 하고 있다.

　춘추 전국 시대의 대사상가 공자는 인간이 어떻게 살 것인지에 대한 깊은 질문을 던졌으며, 인간답게 살기 위해서는 보편적 덕성인 '인(仁)'을 발견하고 실현해야 한다고 강조했다. 그는 인의 실현을 통해 스스로 인격을 완성해 나가는 자율적 인간관을 제시하였으며, 인간의 교육적 이념은 효(孝), 충(忠), 지혜(智), 용기(勇), 예(禮)와 같은 가치를 포괄해야 하고, 이러한 철학적 기초에 기반하여 교육이 이루어져야 한다고 하였다.

'사람을 사랑하고, 사람을 아는 것'이 교육의 근본임을 잊지 말고 이러한 균형적인 두 문화권의 만남은 교육하는 '인'과 교육을 받는 '인'과의 자유로운 상호작용을 통해 가능성을 무한히 확장할 수 있다는 마음가짐을 강사는 항상 가져야 한다.

교육은 나를 발전시킨다

김수연

교육을 받다 보면, 어느 날 문득 나 스스로가 많이 변화하고 성장했다는 것을 느끼며 놀라는 순간이 있다. 이러한 경험은 교육의 지속적인 학습 필요성을 강하게 느끼게 만든다. 지속적인 학습을 통해 우리는 잠재력을 발휘하고, 능력을 단계적으로 향상할 수 있다. 따라서 학습과 발전을 추구하는 것은 필수적이다. 교육의 여러 측면 중에서도 창의성과 비판적 사고 능력의 배양은 특히 중요하다. 이는 단순한 지식을 쌓는 것을 넘어 새로운 아이디어를 창출하고, 창의적인 문제 해결 방법을 개발하는 데 이바지한다.

또한 교육은 문제를 논리적으로 사고하고 판단할 수 있는 능력을 배양해야 한다고 생각한다. 이러한 사고 과정을 통해 우리는 복잡한 문제를 효과적으로 해결할 수 있는 기반을 다질 수 있다. 더불어 교육은 사회적 책임과 윤리적 가치를 이해하고 실천하는 데에도 중요한 역할을 한다. 다른 사람의 관점을 이해하고 공감하는 능력은 사회생활에서 필수적이며, 교육을 통해 이러한 능력을 키우는 것이 중요하다.

자기 주도적인 학습 태도 또한 교육에서 놓쳐서는 안 될 부분이다. 자기 주도적인 학습은 호기심을 유발하고, 자발적이며 지속적인 학습으로 이어진다. 이러한 과정은 목표 달성의 성취감을 느끼게 하여 스스로 만족감을 얻도록 만든다. 이는 교육을 받는 사람들이 계속해서 교육에 참여할 수 있는 동기부여가 되는 것이다.

마지막으로, 현대 사회에서 소통과 협력의 능력은 교육뿐만 아니라 모든 사회생활에서 필수적이다. 효율적이고 효과적인 소통 및 협력 능력은 개인의 발전을 위한 기반이 된다. 본인의 능력을 믿고, 창의성을 발휘하여 공동체 생활에 긍정적으로 이바지하는 사회의 일원이 될 수 있다고 나는 믿는다. 따라서 교육에서도 소통과 협력은 매우 중요하다. 이러한 요소들이 결합할 때, 우리는 진정한 의미의 교육을 통해 더 나은 사회를 만들어 갈 수 있을 것이다.

인권 강사는 인권 옹호자다

김현숙

올해로 강의를 시작한 지 17년이 되었다. 처음부터 강사가 되려고 시작한 강의는 아니었지만, 어찌하다 보니 여기까지 오게 되었다.

2007년 서울시 사업으로 장애 인권 강사 양성 과정이 있었고, 강사가 되려 하기보다는 내 아이의 장애를 좀 더 정확히 알고 싶어 참여하게 되었다. 그 과정에는 실제 강의를 나가야 하는 것도 포함되어 있어, 무조건 나가야 하는 처지가 되었다.

당시 교육생은 고등학교 2학년 남학생이었는데, 수업 도중 사진을 돌리며 서로 장난을 치는 통에 도무지 수업 진행이 어려워졌다. 그래서 사진을 가지고 있는 학생 앞에 가서 호기심 어린 자세로 웃으며 "무슨 사진인지 나도 무척 궁금한데, 나도 보여주면 안 될까요?"라고 했더니, 그 학생은 히죽 웃으며 사진을 나에게 건넸다.

사진을 받아 든 나는 그 학생들과 비슷한 웃음을 연출하며 "너무 웃기다. 여러분들이 사진을 보고 동요될 만하네요. 그런데 너무 웃겨서 수업 진행이 어려우니 이 사진은 내가 보관했다가 끝나고 돌려주면 안 될까요?"라고 하니, 학생들이 흔쾌히 좋다고 하여 수업에 집중하게 되어 나의 첫 강의는 훈훈하게 마무리되었다. 17년 전의 그 일이 지금도 어제의 일처럼 생생하고, 그날의 강의 덕분에 17년의 강의 경력이 쌓인 것 같다.

그 이후 '인권 강사는 인권 옹호자'라는 캐치프레이즈로 인권 옹호 활동의 한 축으로 인권 강사 활동을 하고 있다. 그때 그 학생들이 사진을 나에게 맡기고 기분 좋게 훈훈하게 수업을 마무리할 수 있었던 것은, 그들이 나름대로 존중받았다는 느낌을 받았던 것이 아닌가 여겨진다. 그때는 몰랐지만, 교육생의 가슴에 인권적인 느낌을 '훅' 불어넣어 주는 것이 인권 교육에서 매우 중요한 가치임을 되새겨 본다.

이언 리스터(*Ian Lister*)는 "인권이 갖는 의미와 특징에 비추어, 단순히 인권 내용을 강조하는 인권에 대한 교육(*Education about human rights*)으로 그쳐서는 안 되고, 인권을 위한 교육(*Education for human rights*)과 인권을 통한 교육(*Education through human rights*)이 되어야 한다."라고 했다. 그때 그 학생들에게 행했던 교육이 바로 인권을 통한 교육(*Education through human rights*)이었기에 그날 강의가 훈훈하게 마무리되었다.

공동체적 사회 형성

박동철

　사람은 태어나면서부터 하나씩 모든 것을 배우게 된다. 다른 사람을 통해 보고 듣고 느끼면서 배우기도 하고, 혼자서 스스로 생각하고 터득하기도 하고, 경험을 통해 배우기도 한다. 만약에 우리 사회에 교육이 이루어지지 않는다면, 과연 우리는 어떤 사회에서 살고 있을까? 아마도 인간으로서 삶의 가치가 없는 무의미한 사회에서 살고 있을지도 모른다. 그렇다면 교육의 중요한 가치는 무엇인가? 무의미한 인생을 살고 있을지도 모를 사람들을 올바르게, 즐겁게, 더 나아가 인간적인 사회에서 행복한 삶을 살아갈 수 있게 안내하는 길잡이 역할을 하는 데 있다. 또한 교육은 개인의 능력을 키우고 목표를 이루는 데 중요한 역할을 하며, 공동체적 사회를 형성하고 유지하는 데 필수다.

　사람은 어머니의 배 속에서부터 배우기 시작한다고 해도 과언은 아니다. 그래서 태아를 임신한 여성들은 태아가 좋아할 만한 음악을 듣게 해주고, 아름다운 환경에서 좋은 글을 읽어 주기도 한다. 차츰 성장하면서 학교에서 기초적인 공부를 하고, 단계별 전문적인 공부를 하기도 한다. 그리고 사회에 정착하면서 각자의 직업이나 생활환경에 맞는 공부를 하고, 경험을 통하여 새로운 사회생활을 시작하게 된다. 교육은 단지, 모르는 것을 알기 위해서 배우는 것만이 아니다. 우리는 흔히 모르니까 알기 위해서 배운다고 생각할 수도 있지만, 궁극적으로는 물질적인 부유를 위해서, 그리고 더 높이 승진하기 위해서, 직장을 은퇴 후 새로운 변화를 위해서 지속적인 교육을 받기도 하는데, 이것은 공동체적 사회 형성에 적응하기 위함이다.

한 예로, 나는 해마다 겨울이 되면 스키장에서 스키 교육을 하고 스키캠프를 열어서 서로를 알아가는 새로운 공간을 만들어 가곤 한다. 대부분 처음에는 스키를 더 배우고자 해서 참여하는 분들도 있지만, 보통은 스키 등 레포츠 교육을 통해 또 다른 공간에서 새로운 비전으로 삶을 행복하게 전환 시키기 위해서 참여하는 사람들이 대부분이다. 직장인, 교육자, 사업가, 운동선수, 외국인 등 직업이 다르고, 환경과 살아가는 방식도 각자 다양하지만, 레포츠 교육을 통해 새롭게 공동체가 형성되는 것이다.

이처럼 교육을 통해 새로운 공동체가 형성되면, 일회성으로 끝나지 않고, 교육생들 모두가 서로 연락도 하고, 기술적인 내용을 상호교환하면서 자신의 실력을 발전시켜 나간다. 물론 레포츠 교육은 이론보다는 실기 교육을 위주로 하기 때문일 수도 있지만, 인문학 강의와도 본질은 크게 다르지 않다. 교육의 가치는 단지 배우기 위해서만 아니라, 서로를 존중하고 배려하고 인간다운 사회를 살아갈 수 있게 만들어 주며, 더 나아가서는 자신의 사회적 위치를 높여주고, 더 나은 모습으로

새롭게 변화하는, 참다운 행복을 누리게 하는 공동체적 사회 형성을 만
드는데 가치가 있다고 할 수 있다.

교육은 내면의 회복과 꿈의 실현을 통해 사람다운 사람을 세우는 과정이다

배혜숙

교육은 사람의 내면을 회복하고 새로운 인생을 써나가도록 돕는 중
요한 과정이다. 내가 교육에서 가장 중요하게 생각하는 가치는 내면의
회복과 행복한 꿈의 실현을 통해 '사람다운 사람을 세우는 것'이다. 교
육은 학문적 성취를 넘어서 사람을 온전한 존재로 회복시키는 과정이
어야 한다. 이를 통해 개인은 자신의 내면을 치유하고, 사회 속에서 더
큰 책임을 질 수 있는 존재로 다시 태어날 수 있다.

사람다운 사람을 세우기 위해서는 강사와 교육받는 사람 모두가 먼
저 회복되어야 한다. 교육은 사람의 상처를 치유하고, 새로운 시작을
가능하게 하는 힘이 있다. 필자는 교육 과정에서 많은 이들이 자신의
내면을 직면하고 강점과 가능성을 찾음으로써 변화된 사례를 경험했다.
특히, 내가 사용하고 있는 진로 검사 및 내면 종합 검사와 교육 또는
상담을 통해 꿈을 실현할 힘을 얻은 사람들도 많았다. 심지어 자살을
시도하려던 사람이 이 과정을 통해 생명의 길로 들어서기도 했다.

'회복' 중에서도 특히 뇌의 회복이 중요하다. 현대인들은 스트레스와 과도한 정보로 인해 뇌가 쉽게 피곤해지는 환경에 자주 노출되고 있다. 교육은 이러한 환경에 노출된 사람들의 뇌를 회복시키고, 학습자가 행복한 꿈을 실현하도록 돕는 역할을 해야 한다. 이를 위해 생명 언어를 사용하여 사람의 영혼을 살리고 잠재력을 키워주는 것이 필요하다. 마치 콩나물이 물을 공급받아 자라듯, 사람도 긍정적인 언어로 칭찬받을 때 탁월한 인재로 성장할 수 있다.

또한 교육은 각자가 가진 비전과 꿈을 찾아주고 실현하도록 돕는 과정이어야 한다. 누구에게나 잠재력과 삶의 목적이 있기에, 교육은 그것을 발견하고 실현하도록 돕는 도구가 되어야 한다. 자신이 가진 꿈을 발견하고 그것을 향해 나아가는 삶은 진정한 의미를 지닌 삶이다.

마지막으로, 나는 교육을 통해 생명을 살리는 일을 하고자 한다. 생명은 육체적 존재를 넘어서 꿈과 비전, 정신적 회복을 포함하는 전인적 개념이다. 교육은 사람들에게 삶의 방향을 제시하고, 그들이 행복한 꿈을 실현할 수 있도록 돕는 중요한 역할을 해야 한다. 사람들에게 생명을 불어넣고 행복한 꿈을 실현하게 하는 것이 내가 교육에서 가장 중요하게 생각하는 가치이다.

교육은 사람을 회복시키고 새로운 꿈을 실현하도록 이끌어줌으로써, '사람다운 사람을 세우는 과정'이다.

배움은 한 걸음부터

이형모

교육은 지속적인 성장과 발전을 추구하는 과정이다. 강사의 철학은 이 지속적인 학습의 중요성을 강조하며, 개인의 잠재력을 최대한 발휘하고 능력을 단계적으로 향상시키기 위한 학습의 발전을 도모해야 한다는 신념에 뿌리를 두고 있다.

첫째, 교육은 창의성과 판단력을 함양하는 데 중점을 두어야 한다. 지식의 축적뿐만 아니라 새로운 아이디어를 창출하고 창의적인 문제 해결 능력을 개발하는 것이 필수적이다. 이를 통해 학습자는 문제를 순리적으로 사고하고 판단할 수 있는 능력을 갖추게 되며, 사회적 책임과 윤리적 가치를 인식하고 이를 실천하는 태도를 배양해야 한다. 타인의 관점을 이해하고 공감하는 능력 또한 중요하며, 이는 사회생활에서의 원활한 소통과 관계 형성에 기여한다.

둘째, 자기 주도적인 학습 태도를 익히는 것은 교육의 핵심이다. 학습자는 호기심을 자극받고 자율적이며 지속적인 학습을 통해 목표 달성의 성취감을 느껴야 한다. 이러한 과정은 개인의 발전뿐만 아니라, 효율적이고 능률적인 소통 및 협력 능력을 함양하는 데 기여한다. 결국, 이러한 교육의 가치는 개인의 성장을 위한 기반이 되며, 각자가 창의성을 발휘하여 공동체에 유익한 사회 구성원으로 거듭날 수 있도록 돕는다.

셋째, 교육과정은 단계적이고 다차원적이어야 하며, 단순히 자질을 갖추기 위한 것이 아니라, 사회적 가치와 윤리에 대한 깊은 이해를 바탕으로 다양한 상황에 효과적으로 대처할 수 있는 능력을 배양해야 한다. 개인은 자신의 행동이 공동체에 미치는 영향을 인식하고, 공동체 발전을 위해 책임과 도덕적 의무를 인식해야 한다. 이는 사회적 복지와 불의를 바로잡는 데 중요한 계기가 될 것이다. 또한 교육의 가치는 애국심과 공동체에 대한 배려를 통해 사회의 발전을 이끌어낸다. 도덕적이고 책임 있는 사회 구성원으로 성장함으로써, 우리는 사회와 더불어 발전할 수 있다. 교육은 오늘날에도 여전히 많은 시사점을 제공하며, 정치, 경제, 사회, 문화, 교육의 여러 영역에서 제도를 변화시키는 중요한 밑거름이 된다.

교육은 우리 삶의 중요한 부분으로 자리잡고 있으며, 더 발전된 미래를 향해 나아가는 길이다. 과거에서 현재까지 사회 구성원으로서의 존재감을 증명해 온 교육은 지식과 기술을 제공할 뿐만 아니라, 우리가 원하는 목표를 달성하도록 돕고, 자아를 발전시키며 창의적으로 사고할 능력을 키우는 중요한 기준이 될 것이다. 교육은 과거의 지혜를 통해 더욱 발전된 미래를 창출할 수 있는 가능성을 지니고 있다. 이러한 철학과 비전은 명강사로서의 길을 더욱 확고히 하며, 교육의 진정한 가치를 실현하는 데 기여할 것이다.

2

명강사로 성장 과정에서
가장 큰 영향을 준 경험

숙명과도 같은 이끌림, 지적 호기심과 책임감이
강사로서의 나를 성장시킨다

김성희

어린 시절 살던 집에는 라일락 나무로 둘러싸인 별채가 있었다. 별채로 이어지는 계단을 오르면 제법 큰 테라스 형태의 공간이 있었다. 유치원에 다니는 아이들이 드물었던 그 시절, 일곱 살이었던 나는 그곳에서 또래 아이들을 모아 놓고 학교 놀이를 했다. 아이들은 옹기종기 모여 나의 이야기를 들었다. 딸 일곱 중 여섯째인 나는 언니들 덕분에 한글을 일찍 익히고 영어 단어도 제법 많이 사용했다. 그래도 그 어린 꼬마가 얼마나 무얼 알았겠는가 싶다. 지금 생각하면 부끄럽기도 하지만 그래도 미소 짓게 하는 추억이긴 하다.

언니들이 모두 교사여서일까, 나는 교사가 되기보다는 연구자가 되어야겠다는 생각으로 전공 분야를 선택했다. 하지만 '가르치는 것'이 적성에 맞았는지 대학 생활 중에도 주일학교 교사나 봉사를 하며 아이들을 가르쳤고, 대학원 진학을 보류하고 회사에 다닐 때나 그 후에도 가르치는 일을 계속하였다. 이후 대학원 석사와 박사과정에 있을 때도 학교에서, 기관에서, 기업에서 그리고 다양한 임상 현장에서 강의했다. 물론 이전보다 대상이 더 다양해지고 내용 또한 더 깊어지고 확장되긴 했지만, 여전히 가르치는 일을 하고 있었다. 강의한다는 것은 내게 너무 자연스러워졌고 만족감도 컸다. 기운이 없다가도 강의를 위해 사람들 앞에 서면 어디서 나오는지 활기가 넘쳤다. 내 이야기에 귀를 기울이는 사람들에 대한 책임감이 돌처럼 단단해지는 것이었다.

그 무렵 애플의 스티브 잡스, 마이크로 소프트의 빌 게이츠의 성공 신화와 함께 강연 문화의 붐이 일었다. 다양한 TED 강연들, 국내 외 석학들의 강연, 참신한 주제로 자신의 이야기를 풀어나가는 강사들이 등장했다. 그들의 강연을 접하는 것은 큰 즐거움을 주었고 많은 아이디어를 떠오르게 했으며 강사로서의 욕구를 일깨우기에 충분했다. 나의 뇌는 도파민으로 가득 차는 듯했고 지적 호기심과 배움에 대한 의욕이 커졌다. 한편으로 지식과 교수법을 채우는 것만이 중요한 것이 아니라는 생각이 들었다.

중요한 것은 '가르침에 대한 철학'을 견고히 하는 것이리라. 그전까지 나름의 교육철학이 없었던 것은 아니지만 새로운 철학이 필요했다. 그러던 중 우연히 TV에서 종갓집 수백 년 된 '씨 간장'에 관한 내용을 보게 되었다. 간장은 오랜 기간 숙성할수록 구수하고 진한 맛을 가지게 되는데 매년 햇 간장을 만들 때 이 씨 간장을 조금씩 넣어 함께 숙성하면 맛있는 간장이 된다고 한다. 씨 간장은 이렇게 다른 간장의 맛과 깊이를 더해 숙성하도록 한다는 것이다. 순간 '씨 간장'이라는 단어가 내 머리에 반짝 빛을 내며 들어왔다. 내가 지닌 지식과 경험이 이 씨 간장과 같은 역할을 하면 얼마나 좋을까! 강의를 통해 전하는 나의 이야기가 누군가의 성장을 위한 작은 디딤돌이 되고 성숙을 위한 작은 지지가 된다면 얼마나 멋진 일일까!

진정성을 기반으로 한 강사다운 강사로서의 역할

김순복

강사로서의 철학과 비전을 설정하고 한국강사교육진흥원을 설립하게 된 이유는 독특한 성장 과정에서 비롯된다. 처음 강사로 활동을 시작했을 때, 말주변이 전혀 없었을 뿐만 아니라 지나치게 내성적이었던 나는 많은 고민과 시행착오를 겪었다. 39세에 야간 대학을 다니면서 '어떻게 하면 남들 앞에서 떨지 않고 말할 수 있을까?'가 가장 큰 고민이었다. 그러다 만난 과정이 '크리스토퍼 리더십 코스'였다. 남들 앞에서 웅얼거리고 말 한마디도 못 하는 대중공포증에서 벗어나고 싶어 무조건 변화해야 한다고 다짐하며 찾아간 곳이다. 그때는 스스로 앞뒤 생각 없이 무조건 남들 앞에 1등으로 서는 연습부터 시작했다. 무조건 부딪혀 보며 나를 단련시키지 않으면, 나를 옭아매고 있는 내 고민 속에서 벗어날 수 없을 것 같았기 때문이다. 무조건 다 내려놓고 바로 내 앞에 놓인 그 순간에만 집중하기로 했다. 지금 생각해도 나를 던져가며 정말 열정적으로 참여했었다.

그 과정을 운영하는 선배 강사들이 나를 강사로 이끌어줬었다. 이끌어 준 멘토의 존재는 내 강의 철학을 세우는 데 큰 영향을 미쳤다. 강의의 본질과 청중과의 진정한 소통의 중요성을 강조하며, 강사가 진정성을 가지고 청중을 대해야 함을 배웠다. 진정성은 내가 강사로서 추구하는 핵심 가치다. 강의는 청중의 삶에 긍정적인 변화를 불러오는 경험이고 모범이 되어야 한다. 청중과 진정한 관계를 맺고, 그들의 마음을 움직이는 것이 가장 중요하다고 믿는다. 이를 통해 청중이 나의 강의에서 가치를 발견하고, 자기 삶에 적용할 수 있도록 돕고자 한다. 진정한 소통을 위해서는 나 자신이 먼저 진솔해야 하며, 이를 통해 청중도 자신을 열고 나와 소통할 기회를 얻게 된다.

내 강의 철학은 학습자들의 성장과 발전을 중심으로 한다. 강사로서 청중에게 긍정적인 변화를 끌어내기 위해서는 내가 먼저 지속적으로 성장하며 동기부여가 되어야 한다. 이를 위해 다양한 학습 기회를 추구하고, 새로운 트렌드와 기술을 습득하는 것은 강사로서 의무다. 강사의 경험이 강사들에게 도움이 될 수 있도록, 실질적인 사례와 교훈을 공유하는 것이 중요하다. 이를 통해 강사들이 자신의 강의 스타일을 발전시키고, 자신만의 독창적인 콘텐츠를 만들어 낼 수 있도록 돕고자 한다.

또한 강사들이 서로의 경험을 공유하고 협력하는 환경을 조성하는 것이 중요한 요소라고 생각한다. 그래서 강의장을 넓혀 이전했다. 한국강사교육진흥원에서 다양한 세미나와 워크숍을 통해 강사들 간의 네트워킹을 강화하고, 서로의 발전을 도모하고자 한다. 이러한 상호작용은 강사들이 자신의 강의 스타일을 발전시키고, 자신만의 브랜드를 구축하는 데 큰 도움이 된다. 서로의 경험을 나누고, 피드백을 주고받는 과정에서 강사들은 더욱 성장할 수 있다.

삶 희로애락의 지혜

김순화

어린 시절부터 사업과 교육에 대한 남다른 재능을 지니고 있었다.

춤에 대한 열정은 나의 예술적 여정을 형성하며, 무용수이자 예술가로서의 삶을 살아왔다. 30대에는 석사 논문을 실버타운에 관한 조사로 마무리했는데, 그 시점부터 나의 인생과 연결된 끈이 있었던 것 같다. 지금의 강의는 50대에 접어든 나의 다양한 경험이 원동력이 되었다. 50년의 세월 속에서 예술이라는 단어는 나의 운명적인 여정과 깊은 연관을 맺고 있다.

명품 강사란 인생의 희로애락을 온전히 이해하고, 타인을 사랑하며 도와줄 수 있는 따뜻한 인성을 지닌 사람이라고 생각한다. 특히 노인 교육, 장애인 교육, 어린이 교육에서는 이러한 인성이 가장 중요한 요소로 작용한다. 그다음으로는 지식이 필요하다. 수업 프로그램은 단순한 복사본이 아닌 창조와 연구의 결과물로 발전해야 한다.

평생교육원에서 수업을 진행하며 50대 학생들로부터 많은 것을 배우고 있다. 그들의 도전정신과 열정은 나에게 큰 자극이 된다. 세상은 지금, 이 순간에도 끊임없이 변화하고 있으며, 그들의 존재는 나의 성장의 원동력이 된다. 그들이 지닌 지식과 인격은 명품 강사로서의 자질을 갖추고 있으며, 나의 성장 과정에 지대한 영향을 미친다.

대학교 시절, 나의 스승인 남정호 교수님과의 소중한 시간 속에서 많은 무용 선배들에게 개인 지도를 받았고, 해외의 뛰어난 춤꾼들에게서 기술을 배우며 나만의 것으로 만들어 갔다. 50세가 된 지금, 세상에 공짜는 없다는 진리를 깊이 깨닫고 있다. 20대, 30대, 40대의 학습 경험은 이제 나의 자산이 되어, 미래의 명품 강사로서의 기반을 다져주고 있다.

여러분도 인생의 희로애락을 되돌아보기를 권하고 싶다. 태어나서 걸으며 뛰고, 어른이 되어 결혼과 육아, 이혼과 경제적 변화 속에서 강사의 성장이 이루어진다. 물질적 추구와 생활의 도구로서의 길에서, 진정한 즐거움과 축복 속에서 명품 강사로서의 도전의 길이 열린다면, 적극적으로 최선을 다해야 할 것이다.

인생은 짧다. 특히 50대에 접어들면 더욱 그렇다. 명품 강사로 성장하는 과정에서 가장 큰 영향을 미친 것은 바로 나의 인생 경험이다. 이 경험들은 나의 창작의 재료가 된다. 명품 강사는 뼛속까지 우려내는 진국의 맛과 같으며, 50대의 그 진국을 바탕으로 앞으로 30년간 더욱 영양가 있는 진국으로 발전시켜 나갈 것이다.

나의 감수성 변화가 세상을 바꾼다

김현숙

인권을 처음 공부하던 시절, 강의를 듣긴 했지만 뭔가 구름 속을 떠

다니는 것처럼 명확하지 않았고, 강의의 결론도 없는 것 같아 답답한 느낌이 들곤 했다. 그래서 강사에게 "그럼 결론이 뭐냐?"라고 묻기도 했지만, 강사는 "한번 곰곰이 생각해 보세요."라고 말할 뿐 답을 알려주지 않았다.

그런데도 포기하지 않고 지금까지 온 이유는 딱 한 가지, 내 아이가 우리나라에서 장애인으로 살아가려면 꼭 필요할 것 같다는 생각 때문이었다.

그 이후 몇 년이 지난 후에야 나의 답답함의 실체를 알게 되었다. 그것은 바로 나의 인권 감수성이 낮았기 때문이었다. 인권 감수성은 새롭게 배우고 꾸준히 익혀야 하는 사회적 감각이므로, 사회 변화에 따라 지속해서 변화를 익혀가야 한다.

이러한 변화를 안내하기 위해 이언 리스터(Ian Lister)가 말한 것 중 인권을 통한 교육(Education through human rights)을 실천하려 애쓰고 있다. 교육받는 분들께 단순한 지식 전달이 아니라 그 강의 안에서 스스로 존중받는 느낌을 느낄 수 있는 사회적 감각을 심어주면, 더 이상 욕심내지 않아도 된다고 생각한다.

나는 강의를 하며 "내가 앞으로 강의를 그만둔다면 이유는 두 가지다. 하나는 강의가 버겁고 싫어질 때, 또 하나는 우리나라에 장애인에 대한 차별이 없어지는 그날"이라고 말하곤 한다.

아직은 강의로 눈코 뜰 새 없이 바빠, 늦은 밤까지 강의 준비를 하고, 아침 일찍 강의장으로 향해도 버겁다는 느낌보다는 에너지를 받으러 떠난다는 생각으로 즐겁게 출발한다. 피곤하거나 힘든 일이 있을 때도, 강의 전엔 의기소침하다가도 강의하고 나면 기분 전환도 되고, 새로운 힘이 솟아나는 것을 느끼곤 한다.

강의를 그만둘 때까지 청중들의 가슴속에 인권 감수성을 몽글몽글 가득 담아 주는 인권 옹호자의 역할을 성실하게 해내고 싶다.

쇼는 계속되어야 한다
(The show must go on.)
이남희

내가 아는 소설가에게 들은 말이 있다. 그 사람은 자신에게 어떤 불행한 일이 일어나면 가장 먼저 이것을 어떻게 자기 소설의 소재로 삼을지부터 먼저 생각한다고 한다.

강사도 그렇다. 내가 삶아온 모든 삶의 경험들이 다 강사로서 강단에 설 때 나에게 도움이 되고, 소재가 된다. 가정에서의 남편과 불화,

자식들과의 갈등, 대학교 때 교수님의 말씀, 대학원 논문 준비할 때 읽은 책 등 모든 것이 다 내 강의에 녹아 들어있는 것 같다.

그러나 그중에서 딱 한 가지, 가장 큰 영향을 준 경험을 꼽으라고 한다면, 그것은 내가 무용단에서 활동하면서 무용 공연을 무대에 올렸던 경험이었다고 말할 수 있겠다. 내가 속해있던 무용단은 한국 무용을 하는 무용단이었다. 영화 '미나리'의 주연 배우였던 한예리도 나와 같은 무용단 소속으로 나와 같이 공연을 했었다. 내가 왜 무용단 생활을 내가 강사로 성장하는 데 가장 큰 영향을 준 경험이라고 생각하는가 하면 무용 공연과 강사의 강의가 많이 닮아있기 때문이다.

쇼 비즈니스에서 유명한 말이 있다. "The show must go on."이라는 말이다. 무대 공연 전에, 혹은 무대 뒤에서 그 어떤 일이 있더라도 공연이 중단되면 안 된다는 뜻이다. 무대에서 공연하려고 올라가면, 그전까지 있었던 모든 일들 단원들과의 갈등, 단장과의 불화, 가정의 문제, 내면의 불안, 두려움 등을 머릿속에서 하얗게 지우고 공연에만 집중해야 한다.

나의 과거와 미래는 그 순간에 사라지고, 나는 지금, 이 순간에만 존재하며 그 이외 모든 것을 잊어야 한다.

강사로서 강의하면서 나는 이런 경험을 많이 했다. 내가 생각했던 만큼 강의 준비를 못 한 날도, 내가 의도했던 교육생들의 반응이 나오지 않은 날도, 예상치 못하던 기계 고장으로 준비한 대로 강의하지 못한 날도 있었다. 그러나 그때마다 "The show must go on."을 마음속으로 외치며 교육생들에게 표시 내지 않고 그 순간에 몰입해서 돌발 상황에 대처 해나가며 강의를 잘 마무리해 왔다.

이렇게 나에게 강의는 나 홀로 모든 것을 처음부터 끝까지 책임지는 단독 공연인 것이다.

전문성으로 청중의 마음을 사로잡아라

백세영

약 8년 전, 나는 심리코칭 분야의 전문가로서 교육계 종사자들을 대상으로 강의를 맡은 적이 있었다. 당시 강의를 준비하면서 가장 중요하게 생각한 부분은 청중이 내용을 쉽게 이해하고 편안하게 받아들일 수 있도록 하는 것이었다. 그래서 강의 초반에는 가벼운 톤으로 친숙한 유머를 활용해 아이스 브레이킹(ice breaking)을 시도하며 청중의 긴장을 풀고 분위기를 부드럽게 만들려고 노력했다. 강의 내용 또한 심리코칭의 기본 원리와 이를 실생활에서 어떻게 적용할 수 있는지를 직관적이고 쉽게 설명하는 데 초점을 맞췄다.

그러나 강의가 진행되면서 청중의 반응이 예상과는 다르게 다소 경직되었고, 점점 더 반응이 미지근해지는 것을 느꼈다. 처음에는 청중의 호응이 적은 것쯤으로 생각했지만, 시간이 지날수록 그들의 기대와 내 강의 내용이 어딘가 맞지 않을 수 있다는 것을 직감할 수 있었다. 순간적으로 당황했지만, 그럴수록 빠르게 상황을 분석하며 해결책을 찾아야 한다고 생각했다. 나는 곧 청중이 이미 높은 수준의 전문성을 갖춘 교육자들이라는 점과 그들이 원했던 것이 단순한 개요나 기초적인 내용이 아니라 더 깊이 있는 정보와 통찰이었을 가능성이 크다는 사실을 깨달았다.

그리하여 강의 초반에 참고 자료로만 준비했던 심도 있는 전문적인 내용을 슬쩍 언급해 보기로 했다. 놀랍게도 청중의 반응이 즉각적으로 달라지기 시작했다. 점차 더 깊은 주제에 대해 다루기 시작하자 그들은 눈에 띄게 관심을 보였고, 적극적으로 질문을 던지며 토론에 참여하기 시작했다. 심리와 관련된 오래된 고민이 자연스럽게 논의되었고, 실질적인 해결책을 찾기 위한 의미 있는 대화가 이어졌다. 그 과정에서 나는 청중이 단순한 정보 전달을 넘어서서 진정으로 실무에 적용할 수 있는 깊이 있는 내용을 기대하고 있었다는 것을 확신하게 되었다.

강의가 끝난 후, 참석자들로부터 매우 유익하고 실질적으로 도움이 되었다는 긍정적인 피드백을 받았다. 이 경험을 통해 나는 중요한 몇 가지 교훈을 얻을 수 있었다. 첫째, 강의를 준비할 때는 청중의 수준과 기대를 면밀히 파악하고, 그에 맞는 깊이와 전문성을 갖춘 내용을 준비해야 한다는 점. 둘째, 강의가 단순히 쉽게 전달하는 것만으로는 부족하며 때로는 청중의 기대를 뛰어넘는 심도 있는 접근이 필요하다는 점, 셋째, 예상치 못한 상황이 발생할 수 있기 때문에 항상 대안을 준비해 두는 것이 중요하며, 실제 강의 중에는 유연하게 대처할 수 있는 능력이 필수적이라는 점이다.

이 경험은 나에게 강의의 성공 여부는 단순히 내용의 전달 방식에만 있지 않고, 청중의 요구와 기대에 얼마나 부합하며 적절히 대응할 수 있는가에 달려 있다는 귀중한 교훈을 안겨주었다. 이후로 나는 어떤 강의를 준비하든 청중의 수준을 더 철저히 분석하고, 그들이 원하는 바를 더욱 깊이 있게 이해하려는 노력을 아끼지 않게 되었다. 강사로서의 준비성과 유연성, 그리고 청중의 기대에 맞춰 깊이를 조정할 수 있는 능력은 그때 이후로 내가 가장 중요하게 여기는 요소가 되었다.

"남을 돕는 것이 인생의 행복이다"라는 교육 철학을 갖게 된 경험

소경희

내가 명강사로 성장하는 과정에서 여러 경험이 나에게 깊은 영향을 미쳤다. 그중에서도 "남을 돕는 것이 인생의 행복"이라는 존경하는 분의 말씀은 내 마음 깊숙이 새겨졌으며, 이는 나의 교육 철학의 근본이 되었다. 힘든 시절에 조건 없이 나를 도와주신 선생님과 교수님의 사랑은 나에게 큰 힘이 되었고, 그 사랑을 다시 남에게 베풀라는 메시지는 내 삶의 방향을 정립하는 데 중요한 역할을 했다.

이러한 경험은 나를 단순히 받기만 하는 존재에서, 누군가에게 줄 수 있는 사람으로 변화시켰다. 교육의 본질은 단순히 지식을 전달하는 것이 아니라, 나의 경험을 바탕으로 학생들에게 사랑과 지혜를 전하는 것이라는 사실을 깨달았다. 강의가 단순한 정보의 교환이 아니라 상호 간의 인연과 지식의 나눔이라는 것을 이해하게 되면서, 나의 교육 접근 방식은 더욱 깊이 있는 방향으로 나아갈 수 있었다.

나는 매 순간, 내가 가진 지식과 경험을 학생들과 나누는 것이 얼마나 소중한 일인지 깨닫는다. 교육을 통해 학생들이 성장하고 변화하는 모습을 보는 것은 나에게 큰 보람이 된다. 나의 목표는 그들에게 단순한 지식을 주는 것이 아니라, 그들이 자신의 가능성을 발견하고, 나아가 자신감을 가지고 삶을 살아갈 수 있도록 돕는 것이다.

이 과정에서 나는 언제나 초보로 남아있지만, 동시에 명강사로 성장하기 위한 디딤돌을 마련하고 있다. 나의 경험은 나를 더욱 겸손하게 만들었고, 나의 교육 철학은 학생들에게 긍정적인 영향을 미치기로 다짐하게 했다. 이러한 가치관은 나의 강의 스타일에 깊이 뿌리내리게 되었으며, 나는 학생들이 자신의 꿈을 실현할 수 있도록 지원하는 멘토가 되고자 한다.

나의 성장은 단순히 개인적인 발전에 그치지 않고, 다른 이들에게 긍정적인 영향을 미치는 여정이 되었다. 이러한 경험은 나의 교육 철학을 더욱 굳건히 하고, 명강사로서 나의 역할을 확립하는 데 큰 영향을 미쳤다. 나는 앞으로도 이 가치를 지키며, 사랑과 지혜를 나누는 강사로서 계속 성장해 나갈 것이다.

3

청중에게 어떤 삶의 태도를 심어주고 싶은가?

**명확한 문제 정의와 해결 역량을 기르는
노력을 하고 있는가?**

강혜원

부담스럽지 않은 배려, 명확한 선택과 임무의 제시, 탐욕스럽지 않은 욕심, 교만하지 않은 자유분방함과 같은 삶의 태도는 인간의 덕성과 관계를 깊이 있게 탐구하는 데 중요한 기초가 된다. 이러한 태도는 고요한 내면의 힘을 유지하며, 세상과의 조화를 이루는 방법을 제시한다. 청중에게 긍정적이고 성장 지향적인 삶의 태도를 심어주고 싶다.

이러한 질문들을 통해 삶의 태도를 돌아보고, 긍정적인 변화를 끌어낼 수 있도록 유도하며, 서로의 존재를 이해하고, 깊은 연결을 만드는 데 있음을 잊지 말아야 한다.

이를 통해 어려움이나 도전에 직면했어도 포기하지 않고, 배우고 발전하려는 자세를 가지도록 유도하여 청중들의 다양한 삶의 질을 높이는 것은 매우 중요한 목표이기 때문이다. 이를 위해서는 여러 가지 접근 방식이 필요하다.

예를 들어, 교육, 건강, 사회적 연대, 그리고 경제적 기회 등을 통해 사람들의 삶의 질을 향상할 방법을 제시하며, 개인의 성장뿐만 아니라 내면을 돌아볼 기회를 제공하는 것이 중요하다. 결국 전달하는 내용을 어떻게 받아들일지는 청중의 관점에 달려 있다고 생각한다. 강의에 대한 청중의 반응은 다양할 수 있으며, 때로는 불필요하게 느껴질 수도 있다. 이러한 감정은 강의 내용이 그들의 관심사와 맞지 않거나, 공상적인 요소가 포함되어 있을 때 더욱 두드러질 수 있다.

강렬한 색채는 청중의 흥미를 끌 수 있지만, 너무 가까이에서 바라보면 전체적인 시야가 제한될 수 있으며, 청중들은 담담하고 냉정한 시선으로 강의를 바라볼 수 있다. 이를 통해 깊이 있는 이해와 진정한 에너지를 얻을 수도 있을 것이다. 강의의 목적은 단순한 정보 전달을 넘어, 청중이 스스로 생각하고 느낄 기회를 제공하는 것이다.

강의의 목적은 깊은 소통과 상호작용이며, 이를 통해 서로가 성장과 기회를 만드는 것이다. 강의자는 진정성과 겸손을 갖고 청중과의 관계를 소중히 여기며, 그들이 내면을 돌아볼 수 있는 계기를 제공해야 한다. 이러한 과정에서 서로의 존재를 이해하고, 진정한 연결을 만드는 것이 교육의 진정한 가치라고 생각한다.

잠재력을 깨워 바람직한 변화로 성장하자

김순복

강사로서 청중에게 전하고 싶은 삶의 태도는 '성장'이다. 사람은 누구나 자신의 한계를 느끼며 살아간다. 그러나 그 한계를 뛰어넘고, 새로운 가능성을 발견하는 것은 결국 개인의 선택에 달려 있다. 내가 청중에게 보여주고 싶은 메시지는 삶의 모든 경험이 성장의 기회임을 인식하고 앞으로 나아가는 것이다.

나는 강의를 천직으로 알고 매 순간 열정을 다해 강연 활동을 하면서 청중의 바람직한 변화를 이끄는 성장의 동반자로서 역할을 하고자 정성을 다한다. 강의는 서로의 관점을 공유하고, 서로에게 배울 기회를 제공하는 과정이다. 내가 청중에게 전달하고 싶은 태도는 열린 마음과 매 순간 호기심을 가지게 하는 것이다. 이를 통해 청중이 다양한 시각으로 세상을 바라보고, 자신만의 길을 찾을 수 있도록 돕고 싶다. 적극적으로 하고자 하는 사람에게 따뜻하게 손을 잡아주면서 이끌어 주고 싶다.

성장은 혼자 이루어지는 것이 아니다. 다른 사람들과의 관계 속에서 이루어진다. 내가 강의 중 청중에게 질문을 던질 때, 그 질문은 그들이 자신을 돌아보고, 자기 생각을 정리하는 기회를 제공한다. 이러한 상호작용을 통해 청중은 자신의 삶을 깊이 있게 성찰할 수 있게 된다. 강사로서 내 행동 하나하나 언어 한마디 한마디가 청중에게 영향을 미친다. 청중의 반응과 생각을 통해 강사도 많은 것을 배우고 성장한다. 이처럼 강사가 청중에게 주는 삶의 태도는 상호작용 속에서 공감대를 형성하며 함께 성장한다. 그래서 내가 운영하는 가천대 명강사 최고위 과정도 '함께 성장하는 가천대 명강사 최고위 과정'으로 운영하고 있다.

또한 청중에게 긍정적인 마음가짐을 심어주고 싶다. 실패와 어려움은 누구에게나 찾아오는 법이다. 하지만 이를 극복하는 과정에서 우리는 더 강해진다. 강의 중에 내가 겪었던 실패담을 나누며, 이를 통해 배운 교훈들을 전달하기도 한다. 청중이 자신의 실패를 두려워하지 않고, 오히려 이를 성장의 발판으로 삼을 수 있는 용기를 갖게 하는 것이 나의 목표다. 역경은 극복하라고 주어지는 것이다. 역경이 많을수록 배울 점이 많은 깊이 있는 강사가 된다. 우리의 삶에 역경이 없다면 너무 재미없는 삶이 될 것 같다.

마지막으로, 내가 청중에게 주고 싶은 삶의 태도는 '자기 계발'이다. 지속적인 학습과 성장은 삶의 필수 요소다. 39세에 야간 대학을 다니기 시작해 박사학위를 취득한 지금도 열심히 내 강의 발전을 위해 노력하고 있다. 강의가 끝난 후에도 청중이 스스로 발전할 방법을 고민하고, 실천할 수 있도록 동기를 부여하고 싶다. 이를 위해 강의에서 소개한 구체적인 실천 방안으로, 청중이 자신의 목표를 향해 더욱 영역을 넓히며 나아갈 수 있도록 돕고자 한다.

후회되지 않는 가치 있는 인생을 살아라!

박동철

사람은 누구나 막연하게 행복하고 화려한 인생을 추구한다. 그리고 자기 자신이 처해있는 상황을 전혀 고려하지 않고, 남들의 화려한 겉모습만 보고 따라가려고 한다. 어느 철학자가 말했듯이 "너 자신을 알라."라는 말을 가끔은 되새겨 봐야 한다. 눈이 작다고 해서 멀리 바라보지 말란 말인가? 키가 작다고 해서 높은데 올라가지 말란 말인가? 이 말은 포기하라는 말이 전혀 아니다. 조금 더 생각하고 준비하고 완벽하게 노력하라는 뜻이다. 보통 우리는 이 말을 "못 올라갈 나무는 쳐다보지도 말라."라는 뜻으로 비슷하게 생각한다. 하지만 적극적으로 받아들인다면 긍정적인 효과를 볼 수 있을 것이다.

그렇다면 지금의 나는 후회 되지 않는 가치 있는 인생을 살고 있는가? 난 "그렇다!"라고 답한다. 그저 듣기 좋은 말을 하는 건 더욱 아니다. 모든 일이 내 뜻대로 다 이루어진 것은 아니겠지만, 나는 언제든지 할 일이 있다면 주저하지 않고 다 하고 있다. 나를 위한 일, 가족을 위한 일, 사회를 위한 봉사 등 남에게 피해를 주는 일이 아니라면 언제나 앞장서서 나서는 편이다. 가끔은 '내가 왜 이걸 하는 거지? 내가 안 해도 누군가 알아서 할 텐데.' 하면서 혼자 의문을 가져 보기도 하지만, 나는 언제나 후회되지 않는 인생을 살고 있다. 그리고 후회한들 아무 소용이 없다는 점도 잘 알고 있다. 후회할 바에는 오기로 더 열심히 사는 편이 가치 있는 인생 아니겠는가? 그렇다고 내가 모든 것을 다 가진 것은 아니다. 부족한 것도 많이 있다. 다만, 내가 가진 것 중에 가장 값진 것이 있다면 바로 자신감이다! 부단하게 노력하고 자기 계발을 한다면 실패할지라도 다시 일어서게 되고, 비굴함과 타협하지 않는 한 목표를 달성하게 될 것이다.

그렇다면, 후회되지 않는 그 자신감은 어디서 나오는 것일까? 나를 위해서 게으름 피우지 않고 열심히 공부하고, 강의하고, 일하고, 가족을 위해서 틈나는 대로 함께 대화하고, 여행도 하고, 그리고 우리 사회를 위해서는 공원 야간 순찰, 재난 사고 시 인명구조, 산불 화재 및 홍수 피해 지역 자원봉사 등 주어진 환경에서 최선을 다하여 열심히 사는 편이다. 때로는 생명을 위협받을 수 있는 위험한 상황도 있었지만, 두려워하거나 후회를 해본 적은 없다. 비록 화려한 인생을 살고 있지는 않지만, 보람된 일을 한다는 것은 나에게 자신감을 심어 주고 후회되지 않는 인생을 만들어 주는 것이다. 누구나 똑같은 길을 갈 수는 없지만, 나 자신을 위해서, 누군가를 위해서 가치 있는 인생을 산다는 것은 권력과 부를 많이 가진 사람보다 더 아름다운 삶이 아니겠는가? 사람들은 성공의 여부를 돈과 권력의 기준으로 평가한다. 물론 나쁘다고 할 수는 없지만, 그게 전부는 아니다. "인생은 공수래공수거."라고 말하면서도 금전적인 노예가 되어 삶의 진정한 행복을 놓치고 후회하는 경우가 적지 않다. 지금이라도 늦었다. 생각하지 말고, 후회되지 않는 삶을 살아가는 것이 인생의 진정한 가치가 있다고 생각한다.

모두가 함께 행복하고 성공하기 위해, 성실, 섬김, 겸손을 실천하자

배혜숙

강의를 통해 필자가 청중에게 심어주고 싶은 삶의 태도는 '성실함, 섬김, 겸손'이다. 이 세 가지 삶의 태도는 단순히 개인의 성공을 위한 덕목이 아니라, 더불어 살아가는 공동체에서 '나, 너, 우리' 모두가 함께 성장하고, 궁극적으로 행복과 성공을 이루기 위한 중요한 가치이다. 삶의 진정한 가치는 함께 성장하고 나눌 때 비로소 완성되며, 이를 통해 개인과 공동체가 더 밝고 건강한 방향으로 나아갈 수 있다.

첫째, 성실함은 인생의 기초가 되는 중요한 태도로서, 매일 주어진 일에 최선을 다하고 작은 일이라도 꾸준히 해나가는 힘을 길러준다. 성실함은 인내를 통해 큰 결실을 보게 하고, 개인의 성취를 넘어 모두의 행복을 위한 기반이 된다. '나'의 성실함이 '너'와 '우리'의 행복에 이바지할 수 있음을 깨달을 때, 우리는 진정한 성공을 향해 나아갈 수 있다. 따라서 성실함은 단순한 행동이 아니라, 더 나은 미래를 위한 지속적인 노력이라고 할 수 있다.

둘째, 섬김은 내가 가진 것을 나누고, 상대방의 필요를 위해 시간과 에너지를 내어주는 태도다. 이는 배려와 존중에서 비롯되며, '나'와 '너'의 관계를 깊고 풍성하게 한다. 섬김은 모두의 행복을 이루는 중요한 도구이며, 진정한 성공은 함께 기쁨을 나눌 때 완성된다. 특히 경쟁이 치열한 21세기의 현대 사회에서는 함께 성장하고 서로를 세워주는 마음이 절실히 필요하다. '나'와 '너'의 차이를 극복하고, '우리'라는 큰 틀 안에서 장점을 살려 나가는 것이 중요하다. 섬김을 통해 사람들은 진정한 관계 속에서 서로의 가치를 발견하며, 깊이 있는 성장을 이룬다.

셋째, 겸손은 자신의 한계를 인정하고, 다른 사람의 도움을 받아들일 수 있는 마음가짐이다. 겸손한 사람만이 진정으로 이웃의 영혼을 깊이 사랑하며, 상대방의 마음을 다치지 않도록 배려하면서 진실로 섬길 수 있다. 나 혼자 모든 것을 이룰 수 없음을 깨닫는 순간, '너'와 '우

리'는 함께 성장하고 더 큰 행복을 이루게 된다. 겸손은 우리 모두의
행복을 위한 원동력이다.

'나, 너, 우리'가 모두 함께 행복한 꿈을 이루고, 성공적인 삶을 통해
밝고 아름다운 사회를 만들어가는 것이 필자가 청중에게 심어주고 싶은
삶의 태도이다. 성실함과 섬김, 그리고 겸손의 태도로 나의 역할을 다하
고, 우리가 모두 함께 나누고 세워줄 때, 우리는 진정으로 행복하고 성
공적인 삶을 살아갈 수 있다. 이러한 삶의 태도를 통해 우리는 개인의
성공을 넘어서, 함께 더 나은 세상을 만들어가는 주역이 될 수 있다.

물이 주는 나의 철학

이형모

물이 주는 깊은 교훈을 통해 인생의 지혜를 탐구하고자 한다. 물은
우리에게 생명의 근원으로서 많은 교훈을 제공하며, 모든 생명체의 생
존이 물에 의해 가능하다는 사실은 대자연의 섭리를 통해 인생의 중요
한 교훈을 일깨워 준다.

첫째, 물은 청결하고 순결하다. 태초의 깊은 산속 옹달샘에서 솟아
나는 물은 그 자체로 맑고 깨끗함을 상징한다. 물은 오염된 환경 속에

서도 다른 사물들을 정화시키는 힘을 지니고 있다. 이는 우리의 삶에서도 마찬가지로, 내면의 청결과 순결함을 유지하는 것이 얼마나 중요한지를 일깨워준다. 우리는 물처럼 타인의 마음과 환경을 정화하는 역할을 수행해야 한다.

둘째, 물은 겸손하다. 물은 모든 것을 포용하며, 자연의 순리에 따라 높은 곳에서 낮은 곳으로 흐르며 위계질서를 유지한다. 이는 우리에게 겸손의 가치를 가르친다. 삶의 여정에서 그 어떤 위치에 있더라도, 우리는 겸손하게 살아가며 서로를 포용하는 태도를 가져야 한다. 물의 흐름처럼 겸손함을 통해 우리는 더 큰 조화를 이룰 수 있다.

셋째, 물은 여유롭다. 물은 웅덩이에 부딪혀도 불평하지 않고 묵묵히 기다리며, 길이 트일 때까지 인내한다. 이는 우리에게 삶의 어려움 속에서도 여유를 잃지 않고 참고 견디는 것이 얼마나 중요한지를 가르쳐준다. 인생의 도전이 다가올 때, 우리는 물처럼 부드럽고 여유로운 마음가짐을 가져야 한다.

넷째, 물은 온유하다. 어떤 장애물이 앞을 막더라도, 물은 맞서지 않고 우회하여 흘러간다. 이는 우리가 인생에서 마주치는 난관을 극복하려면 때로는 부드러운 접근이 필요하다는 교훈을 준다. 온유한 태도로 문제를 해결해 나가는 것이 우리의 삶을 더욱 풍요롭게 만들 수 있다.

다섯째, 물은 유연하다. 환경에 따라 자유롭게 적응하며, 그릇의 형태에 따라 모양이 변하지만 본질은 변하지 않는다. 이는 우리에게 변화에 대한 적응력을 길러야 한다는 메시지를 전달한다. 삶의 환경이 바뀔 때, 우리는 물처럼 유연하게 대처하며 본질적인 가치를 잃지 않아야 한다.

여섯째, 물은 부지런하다. 물은 끊임없이 흐르며 자신의 임무를 완수한다. 이는 우리에게 노력과 끈기의 중요성을 일깨워 준다. 삶에서 목표를 향해 부지런히 나아가야 하며, 그 과정에서의 지속적인 노력은 결국 큰 결실을 맺게 될 것이다.

일곱째, 물은 꿈을 이룬다. 물은 옹달샘에서 시작해 개천을 이루고, 시냇물이 되어 강을 이루며, 결국 바다에 이른다. 이는 우리의 꿈과 목표 또한 작은 시작에서 출발하여 결국 큰 성취로 이어질 수 있음을 보여준다. 각자의 여정에서 물처럼 목표를 향해 나아가며 연대와 질서를 유지하는 것이 중요하다.

물은 선과 지혜, 그리고 인성의 불변함을 상징하며, 강사는 이러한 물의 특성을 통해 청중에게 삶의 태도를 심어주고자 한다. 물처럼 청결하고 겸손하며, 여유롭고 온유한 태도를 지니고, 유연하고 부지런하게 꿈을 이루어 가는 삶의 자세를 강조하고 싶다. 이러한 태도를 통해 우리는 더 나은 삶을 만들어 갈 수 있을 것이다.

4

강사, 왜 변화가 필요한가?

강사는 자신을 변화시키는 연금술사가 되어야 한다

김성희

과학계에서 진화론에 대한 새로운 관점이 있음에도 불구하고 "가장 강하거나 지적인 것보다는 변화에 잘 적응하는 자가 살아남는다."라는 찰스 다윈의 의견은 재고의 여지 없이 받아들일 만한 이야기라고 할 수 있다. 즉 생존을 위한 최적의 방법은 수단과 방법을 가리지 않고 자신의 존재만 지켜내는 것만이 아니라 외부 환경에 대한 적응이고 자원에 대한 활용을 의미하는 것이다. 적응과 활용은 주체적이고 적극적인 태도와 적절성을 기반으로 하는 것이기 때문이다.

모든 주체적 존재는 변화가 필요하다. 예를 들어 봄이 와서 매일 하루하루 같은 봄날인 듯해도 한 주, 두 주, 한 달, 두 달이 지나면 새로운 계절인 여름이 오고 또 다른 계절로 이어진다. 시간 속에서 살아가는 우리는 매일 변화하고 있다. 그렇지 않으면 우리는 주변의 변화에 적응하지 못하거나 건강하지 못하게 살아가게 될 것이다. 겉보기엔 매번 같은 일을 하는 것처럼 보이는 경우라도 실상은 매 순간, 매일 변화가 있다. 그 변화하는 매일을 살아가는 사람은 당연하게도 이미 변화 속에 있는 것이다.

강사는 이론가가 아니다. 또, 어떤 회사나 기관에 속하여 맡겨진 업무만을 한다거나 지속적으로 같은 업무를 하는 직업이 아니다. 오히려 계속해서 참신한 주제와 방법을 개발해야 한다. 강사로서 살아간다는 것은, 특히 유능한 강사가 되기를 원한다면 변화는 필수적이다. 새롭게 변화하는 세상의 다양한 이야기를 발 빠르게 이해하고 정리해서 그 내용이 필요한 사람에게 효과적으로 전달하고 의미를 해석해주는 역할을 한다. 특히나 강의 주제가 지식의 전달을 넘어서는 청중의 의식 변화나 생활 태도의 변화, 삶의 목표 변화를 위한 것이라면 더더욱 그 변화의 정도는 복잡하다.

강사는 기꺼이 복잡한 과정을 거치는 작업을 해야 한다. 강사 스스로 새로운 것에 대해 폭넓은 통합과 그것을 관통하는 통찰의 과정을 거쳐야 하기 때문이다. 그것은 기존의 지식에 한 겹을 더 쌓는 단순한 작업이 아니고 새로운 내용이나 더 넓은 내용을 앞에 지닌 지식의 체계에 개연성을 가지고 통합하는 것은 물론 질적으로 더 완성도를 갖추어야 하기 때문이다.

이를 위해 강사 자신은 물리적 변화뿐 아니라 화학적 변화 과정도 거쳐야 한다, 다시 말해 지식과 정신의 연금술사가 되어야 한다. 또 더 높은 계단을 올라가기 위해서는 도약을 위해 오히려 한 단계를 다시 내려와서 기초를 더 탄탄히 하고 뛰어올라야 한다. 이러한 작업을 거친 강사가 청중에게 감동을 줄 수 있고 변화의 실마리를 제공할 수 있다.

"진보는 변화 없이는 불가능하며, 자신의 마음을 바꾸지 못하는 사람은 아무것도 바꿀 수 없다."라는 조지 버나드 쇼의 이야기처럼 진보를 위한 강사의 변화는 필수적이다.

도태되지 않기 위해서는 변해야 한다

김수연

강사를 직업으로 선택한 이후, 나는 매일매일 무언가에 쫓기듯 끊임없이 배우러 다니며 하루를 보낸다. 배우러 다니지 않는 날에는 손에서 책을 놓지 않거나, 컴퓨터나 핸드폰 앞에서 정보를 찾아 바쁘게 움직이는 내 손가락과 눈동자와 마주하게 된다. 그렇게 하루를 보내지 않으면 언제부턴가 불안한 기분이 들곤 했다.

그 이유는 과거와 현재의 교육 환경이 크게 변화했기 때문이다. 예전에는 특정 계층의 필요로 인해 강의를 듣는 경우가 많았다면, 지금은 빠르게 변화하는 세상에 발맞춰 여러 기관에서 누구나 쉽게 접근할 수 있는 무료 강의가 풍부해졌다. 이러한 환경 속에서 내 가치를 지속적으로 높이지 않으면 도태될 수밖에 없다는 생각이 점점 더 강해진다.

특히 우리나라의 학력 평균이 높아지면서 높은 학력과 전문 지식을 갖춘 사람들이 많아졌다. 내가 초보 강사 시절 강의 중 만난 한 청중의 높은 학력과 깊은 지식으로 인해 당혹스러웠던 기억이 떠오른다. 그때부터 나는 배우지 않으면 불안하다는 버릇이 생겼다. 강사라면 누구나 초보 시절 이런 당혹스러운 경험을 일회성으로 겪게 될 것이다.

강사는 환경과 상황이 끊임없이 변화하는 직업이다. 변화에 적응하지 않는다면, 도태될 수밖에 없다. 누군가에게 정확하고 도움이 되는 정보를 전달하기 위해서는 멋지고 알찬 강의를 준비해야 한다. 그러기 위해서는 강사인 우리는 항상 변화하는 하루를 살아가야 한다.

변화는 두려운 것이 아니다. 오히려 그것은 성장의 기회다. 강사로서의 길을 걷는 동안, 나는 변화의 필요성을 깊이 인식하게 되었다. 지속적인 학습과 자기 발전을 통해, 나는 더 나은 강사가 되기 위해 노력하고 있다. 도태되지 않으려면 변해야 한다는 점을 잊지 말아야 한다. 변화를 두려워하지 않고, 새로운 지식과 경험을 쌓아가는 것이야말로 강사로서의 진정한 성장임을 나는 확신한다.

미래에는 강사의 연구와 도전이 문화를 책임진다

김순화

강사의 변화는 시대의 흐름에 따라 필수적으로 진행되어야 한다. 과거로부터 현재에 이르기까지 교육자의 호칭은 서당의 스승님, 사부님, 교사, 학자 등으로 다채롭게 변화해 왔으며, 이러한 변화는 그 시대의 문화와도 깊은 연관을 맺어왔다. 우리가 상상할 수 없었던 시대의 흐름 속에서, 과거의 강사가 미래의 강사로서 어떻게 변모할지에 대한 궁금증은 더욱 커진다.

개별 맞춤형 교육을 통해 개인화된 학습을 구현하고, 이해와 존중을 바탕으로 한 글로벌 교육자의 역할을 수행하는 것이 중요하다. 이는 과학기술과 인간적인 접촉을 균형 있게 활용하여 학생들이 더 나은 미래를 향해 나아갈 수 있도록 돕는 것을 의미한다. 또한 예측할 수 없는 다양한 프로그램의 변화가 있을 것이다. 이러한 이유로 강사의 변화는 교육의 질을 향상시키는 데 필수적이라고 할 수 있다.

현재 30대, 40대, 50대, 60대 강사들은 각자의 위치에 따라 변화의 노력이 절실히 요구된다. 30대 강사는 30년 후의 연구 방법을, 40대 강사는 20년 후의 연구 방법을, 50대와 60대 강사는 10년에서 20년 후의 연구 및 인생의 마무리를 위한 강의 연구에 힘써야 할 것이다. 이 과정에서 가장 중요한 것은 자신의 '색깔'을 찾는 일이다. 이 색깔이 무지개처럼 다채로운 조화를 이루어 미래의 새로운 수업을 탄생시키는 기초가 될 것이다. 나 또한 나의 색깔을 찾기 위해 고민하며, 끊임없이 변화하는 강사가 되고 싶다. 현재는 빨강, 노랑, 파랑의 단순한 색깔을 가진 강사지만, 다양한 색의 조화 속에서 아름다움을 찾는 강사로 성장하고자 한다. 미래 강사의 변화에 도전하는 것은 내가 강사로서 삶을 지속하기 위한 여정이기도 하다.

인생의 여정 속에서 많은 준비를 해온 강사들 중에는 명품 강사의 가능성을 지닌 분들이 많다. 이들이 미래를 창조해 나간다면, 상상할 수 없었던 명품 강사의 변화에 함께 참여할 수 있을 것이다. 나 또한 그 여정에 동참하고 있다. 강사의 변화는 인류의 변화와 함께 반드시 이루어져야 할 조건이다. 미래의 강사가 어떤 모습일지 깊이 생각해 본다면, 우리의 연구와 도전도 자연스럽게 변화할 것이다. 복사본이 아닌 창조와 연구가 미래의 꿈을 변화시키는 원동력이 될 것이다.

강사들의 노력과 위치는 미래의 문화를 형성하는 중요한 요소이기에, 현재 강사들의 위치가 특히 중요하다. 먼 미래, 변화된 모습으로 사회에 필요한 명품 강사로 자리매김하며, 학습자들에게 미래의 꿈으로 가는 길을 안내하는 것이 강사가 변화해야 하는 이유이기도 하다.

온오프라인을 아우르는 강의의 새로운 패러다임으로 교육의 미래를 열다

백세영

디지털 전환 시대에 접어들면서 교육 환경은 과거 어느 때보다 급격하게 변화하고 있다. 특히 교육 기술의 발전은 학습 도구와 방법에 큰 영향을 미치며, 코로나19 팬데믹(Pandemic)은 이러한 변화를 가속하는 중요한 계기가 되었다. 팬데믹 이전에는 오프라인 강의가 대부분이었지만, 갑작스럽게 모든 교육이 온라인으로 전환되면서 많은 강사들이 새로운 방식에 적응해야 했다. 나 역시 오프라인 강의에서 경험을 쌓아온 터라 온라인 강의는 전혀 다른 환경에서 이루어지는 도전이었다.

온라인 강의의 가장 큰 어려움은 청중과의 상호작용의 제한성에 있었다. 대면 강의에서는 청중과 직접 눈을 마주치고 그들의 표정이나 반응을 즉각적으로 확인할 수 있었기에 강의의 흐름을 파악하기가 비교적 쉬웠다. 하지만 온라인 강의에서는 카메라 너머에 있는 청중의 반응을 즉시 확인할 수 없으므로, 그들의 집중력을 유지하는 것이 훨씬 더 어려웠다. 특히 녹화 강의의 경우에는 실시간 소통조차 불가능했기 때문에 강의를 진행하면서 마치 공허한 공간에서 혼잣말하는 것 같은 느낌을 받았던 기억이 난다. 이런 상황에서는 청중의 몰입도를 어떻게 높일 수 있을지 깊이 고민할 수밖에 없었다.

이후 온오프라인을 병행하는 혼합형 교육 환경이 자리 잡으면서, 나는 전통적인 강의 방식만으로는 더 이상 청중의 시선을 끌기 어렵다는 사실을 절감하게 되었다. 그 결과 강의 자료를 디지털 형식으로 재구성하고, 시청각 자료와 다양한 멀티미디어 요소를 더해 시각적 효과를 극대화하려는 노력을 기울이기 시작했다. 청중의 이해도를 높이기 위해 최신 기술을 적극적으로 도입하고, 이를 강의에 적절히 적용하는 것이 점점 더 중요해졌다.

그뿐만 아니라, 온라인 강의에서 청중의 참여를 유도하고 소통을 강화하기 위한 다양한 도구와 플랫폼들을 활용하게 되었다. 예를 들어, 실시간 설문조사나 퀴즈 기능을 통해 청중의 참여를 유도하고, 강의 중 간중간 소통할 수 있는 장치를 마련해 그들의 반응을 확인하는 방식으로 강의를 더욱 역동적으로 만들었다. 이러한 변화는 단순히 기술적인 도입을 넘어, 교육의 질을 높이는 데 큰 역할을 했다.

이와 같은 경험을 통해 깨달은 점은, 교육 환경의 빠른 변화 속에서 강사의 역할도 끊임없이 진화해야 한다는 것이다. 최신 기술을 활용해 청중의 기대에 부응하는 강의를 제공하는 것이 필수적이며, 자기 계발을 통해 변화하는 환경에 유연하게 대처하는 능력을 갖추는 것이 중요하다. 특히 디지털 시대에는 온오프라인을 넘나드는 강의 형식이 점차 보편화되고 있으며, 강사들은 이에 맞춰 강의 내용을 더욱 다채롭게 구성하고, 청중과의 소통을 활성화하는 다양한 방법을 모색해야 한다.

지금은 VUCA시대
이남희

지금 우리가 사는 시대를 VUCA시대라고 이야기한다. 우리는 지금 빠르게 변하고(Volatile), 불확실하며(Uncertain), 복잡하고(Complex), 모호한(Ambiguous) 시대에 살고 있다. 그래서 디지털기기를 잘 다루는 기술이나 코딩 실력과 같은 과거에 필요하지 않았던 것들이 지금은 꼭 필요하게 되고, 키오스크를 모르면 밥 한 끼도 먹을 수 없는 시대가 도래했다. 과거에 정답이었던 것들이 지금은 오답일 경우도 많아지고 있다. 이런 시대는 사는 사람들을 대상으로 강의하는 강사에게 변화는 다음과 같은 이유로 꼭 필요하다.

첫째, 끊임없이 변하는 학습자들의 요구다. 내가 강사 생활을 처음 시작할 때만 해도 어린이들을 대상으로 하는 강의들이 많았고 강사들에 대한 수요도 많았었다. 그러나 지금은 시니어들을 대상으로 하는 강의들이 많아졌고, 또 시니어에 필요한 강좌도, 스마트폰 사용법, 키오스크 이용법, 파크골프 강좌, 시니어 요가 강좌 등 다양해졌다. 이렇게 강사들은 변화하는 교육생들의 요구에 민감하고 때로는 교육생들이 필요로 하지만 미처 인식하지 못하고 있는 그들의 필요도 찾아내야 한다. 그 필요를 찾기 위한 구체적인 방법으로, 나는 《트렌드 코리아》라는 책을 매년 읽고 다른 강사들과 스터디를 하면서 변화하는 사회적 요구를 찾으려고 애쓴다. 예를 들면, 《트렌드 코리아 2023》 책에서 강조한 키워드가 '나노 사회'였다. 나는 이 책을 읽고 내 강의를 업데이트했다. 즉 내가 기존에 하던 강의에다가 디지털 마케팅. 디지털 리터러시 강좌 등을 만들어서 강의했다. 이렇게 강사는 끊임없이 학습자의 요구에 발맞추고 때로는 반 발자국 앞서나가야 한다.

둘째, 학습 방법의 변화다. 강사에게 변화가 필요한 또 다른 큰 이유는 강의와 학습에 이용되는 기술과 플랫폼이 나날이 변화하기 때문이다. 예를 들면, 스마트폰을 활용한 수업이 그렇다. 교육 현장에서도 스마트폰을 이용한 참여형 교육 플랫폼이 생겨났고(Padlet, Slido 등) 이 새로운 플랫폼을 이용해서 학교 현장에서도 수업이 이루어지는 둥 스마트폰을 사용하지 못하면 시대에 뒤떨어지는 사람이 되고 있다. 그래서 나도 예전에는 PPT와 슬라이드, 동영상 등의 방법으로 강의식 수업을 주로 했다면, 요즘은 학습자들과 함께 인터넷상의 어떤 플랫폼에 같이 접속해서 그 플랫폼 안에서 같이 활동을 하는 수업을 많이 한다.

게다가 2022년 11월 ChatGPT가 세상에 알려지며 세상에 또 하나의 큰 변화를 가져 왔다. 스마트폰이 처음 나왔을 때처럼, 지금 대부분 사람은 이 ChatGPT를 어떻게 사용하면 되는지를 잘 몰라서 단순히 호기심 차원에서만 생각하고 있다. 하지만 내가 볼 때는 앞으로는 이 ChatGPT 기술을 업무에 활용하는지를 알고 모르느냐가 마치 수십 년 전 인터넷을 쓸 줄 아느냐 모르느냐와 같이 아주 기초적인 업무 능력이 될 것이다. 나도 ChatGPT 기술을 이용해서 강의안을 만들 때 도움을 받고 있으며, 옛날 같으면 많은 시간이 걸리던 단순, 반복이 필요한 수업 자료 준비에도 이 플랫폼의 도움을 톡톡히 받고 있다. 이렇게 강사는 전통적인 강의 방식에서 벗어나 다양한 교육 방법을 수용함으로써 더 넓은 범위의 학습자들에게 도달할 수 있다.

강사로서 변화하는 것은 선택이 아닌 필수다

소경희

오늘날 우리는 시시각각 급변하는 시대에 살고 있다. 고령화 사회를 넘어 초고령화 사회에 접어들면서, 60대는 더 이상 단순한 노인이 아니다. 우리는 이제 도움을 받는 노인이 아니라, 지혜와 경험을 바탕으로 다른 이들을 가르치는 노인이 될 선택의 기로에 서 있다. 이는 강사의 선택에 달려 있으며, 이러한 선택은 그들의 미래와 직결된다.

젊고 역동적인 강사들이 넘쳐나는 현실 속에서, 변화 없이는 살아남을 수 없는 시대에 우리는 살고 있다. 이는 단순히 생존의 문제가 아니라, 자신의 가치를 높이는 일과도 깊은 연관이 있다. 강사로서의 나의 가치는 지속적인 학습과 변화 속에서만 발견될 수 있으며, 이는 나의 전문성과 신뢰성을 강화하는 데 필수적이다.

나이가 어리다고 해서 청춘이 아니며, 진정한 청춘은 도전하고 변화에 열린 마음을 가진 이들에게 해당한다. 변화는 두려움이 아니라 기회로 바라봐야 한다. 새로운 지식과 기술을 습득하고, 다양한 교육 방식에 적응하는 것은 강사로서의 나를 더욱 성장하게 만드는 원동력이 된다.

변화는 또한 학습자들에게 긍정적인 영향을 미친다. 강사가 변화하고 발전하는 모습을 보여주면, 학습자들도 그 변화에 자극받아 자신의 학습 의욕을 고취할 수 있다. 이는 강사와 학습자 간의 신뢰를 더욱 공고히 하고, 상호 발전의 기회를 제공하는 중요한 요소가 된다.

강사로서 변화하는 것은 선택이 아닌 필수다. 변화는 나의 전문성뿐만 아니라, 학습자와의 관계, 교육의 질까지 향상하는 중요한 발판이 된다. "청춘이여, 변화하라!" 이는 단순한 구호가 아니라, 강사로서 삶의 자세이자, 지속적인 성장과 발전을 위한 다짐이다. 변화는 나를 더욱 빛나게 할 것이며, 이는 내가 가르치는 모든 이들에게 긍정적인 영향을 미칠 것이다.

2

강의 준비와 설계

1

강의 주제를 정할 때 반영하는 것들

강의는 여러 가지 색으로 그린 그림이다

김수연

늘 강의 주제를 준비하면서 나의 강의가 여러 가지 색깔로 그린 그림이라고 생각하며 강의 준비를 한다.

왜냐하면, 강의 주제를 정할 때 먼저 강의를 듣는 대상자가 어떤 주제를 선호할지를 생각해 보고, 현재 사회적 이슈와 트렌드도 반영하려고 노력한다. 또 비슷한 주제를 다룬 다른 강사의 강의나 자료를 찾아 보며, 비교도 하고 될 수 있으면 차별화된 내용들로 꾸미려고 생각하며 강의 주제를 정하곤 한다.

이렇게 여러 가지 내용들을 반영해 정한 주제로 만든 나의 강의는 과연 얼마나 실제로 강의를 듣는 대상자들에게는 어떻게 활용될 수 있는지, 실무에 적용이 가능한 내용들로 강의 주제를 잘 정했는지를 점검 해 보고 강의 중간중간에 내가 잘 알고 있는 분야나 경험을 넣어 강의 주제와 함께 강의하게 되면 먼저 스스로 자신감이 생기고, 강의의 질도 높아져 성공적인 강의를 해왔던 것 같다.

이렇게 하나의 그림을 완성하려면 여러 가지의 색이 필요하듯 나는 강의 주제를 정할 때 하나의 주제가 아닌 여러 가지 요소들을 반영해 강의 주제를 정한다.

오늘도 나는 아줌마에서 강사로 더욱 멋진 내 모습을 꿈꾸며 나만의 색을 내기 위해 단련 중이다.

넓은 스펙트럼을 기반으로
실제적 구체성을 가진 주제가 통찰을 이끈다
김성희

　하나의 강의가 이루어지기까지는 여러 단계를 거치게 되고 강의 의
뢰, 수락 방식에 따라서 절차가 달라지기도 한다. 강의 주제에 대해서
도 그렇다. 강의 주제가 분명하게 제시되는 강의도 있지만 강의 주제
를 선정하는 것이 강사의 몫이 될 때도 있다. 강의 주제가 분명하게 제
시되더라도 강의의 중심 주제는 역시 강사가 정하게 된다. 강의 주제
선정 시 우선적인 고려 사항은 의뢰자 및 의뢰 기관의 필요 또는 요
구 사항이다. 예를 들어, 가정 지원센터에서 부모 교육 강의를 기획하
여 부모-자녀의 관계 향상을 위한 내용의 강의를 의뢰한다고 가정하
자. 강사는 이를 토대로 실무자와 인터뷰를 진행하여 주제 선정을 구체
화한다.

　강의 주제 선정을 위해 반영해야 할 내용은 첫째, 강의의 취지 및
상위 프로그램 시행 여부이다. 의뢰된 '부모 교육' 강의가 상위 프로그
램 제목이고 그 주제로 부모-자녀 관계 향상을 주제로 한 강의인지 또
는 독립적으로 하나의 프로그램만 시행되는 부모 교육 프로그램인지를
확인한다. 만약 다른 여러 강의와 함께 진행되는 주제라면 강의 간의
관련성을 고려하여 중복되지 않고 효과적인 교육 내용을 구성할 수 있

기 때문이다.

둘째, 참여 대상과 관련한 정보의 확보이다. 강의에 참여하는 대상, 나이, 인원, 이전 부모 교육에 대한 이해 정도 등의 정보가 구체적일수록 좋다. 이러한 조건에 따라 강의 방향과 주제가 달라질 수 있으며 난이도를 정할 때 매우 중요한 내용이다.

셋째, 강의 참여자들의 필요와 욕구에 대한 파악이다. 기관에서 사전에 기관 이용자들에게 설문조사를 하여 강사에게 주제를 전달하기도 하나 강의 참여자의 욕구와 필요에 대한 구체적인 내용을 전달해 주기를 요청했을 때 훨씬 더 필요한 정보를 알 수 있으므로 교육의 효과가 높아지고 좋은 강의로 평가받을 수 있는 주제를 선정할 수 있다.

넷째, 강의 주제는 최신 경향을 반영하거나 참신한 키워드로 접근하는 것이 좋다. 단순히 감각적이고 자극적인 주제가 아니라 사회적 변화와 다양한 지식을 포괄적으로 고려하여 필요한 사항을 주제로 잡아야 한다. 이를 위해서 강사는 평소에 다양한 분야에 관심을 가지고 정확한 지식을 익히고 영역 간 연결성을 이해하고 이를 활용하여 강의 대상자의 필요에 맞는 주제를 창의적으로 구성할 수 있다.

강사는 주제가 제시되지 않는 강의에 대해서도 자신이 강의할 수 있는 주제와 영역을 구축할 필요가 있다. 이를 위해 강사 자신이 강의 스펙트럼을 확장하는 노력이 필요하다. 한 가지 분야에 정통하든지, 여러 분야를 통합하든지 관계없이 자신의 강의 주제에 대해 깊고 넓게 확장하여 통합된 주제를 창조해 낼 때 강의를 듣는 이들을 행복하게 할 것이다.

전문성과 자연과의 만남

김순화

강의 주제를 정할 때는 강의를 듣는 이들을 기준으로 삼아, 그들이 필요로 하는 주제를 습득할 수 있도록 연구해야 한다. 개인적으로, 빈 프로젝트에 글을 만들어 수업하는 방식은 선호하지 않는다. 나는 자연스러운 강의를 좋아한다. 요점이 정리된 자료를 읽으며 수업하는 것보다, 주제에 대한 열정적인 토론과 질문을 통해 얻는 지식이 더욱 값지다고 생각한다. 글로 적었던 조금 지난 방법이 그립기도 하다.

강의 주제를 선정할 때, 나는 나의 내면을 관찰한다. 주제 수업을 위해 내가 어떤 신체적 상태에 있는지를 고려하고, 연구자료의 창의적인 의미를 고민하며 많은 그림을 그리기도 한다. 특히 내 몸의 상태는 창작 아이디어를 정하는 데 큰 영향을 미친다. 건강 체크는 강의 시 가장 먼저 반영되는 요소다. 또한 학생들에게도 본인의 몸을 지켜야만 공부와 꿈을 이룰 수 있다고 이야기하고 싶다.

시대의 흐름은 많은 변화를 가져온다. 강의 주제를 정할 때는 주제의 핵심을 이루는 하, 중, 상의 내용을 준비해야 한다. 학생들의 수준을 반영하는 것이 가장 중요하며, 학생들이 무엇을 배우고 싶어하는지를 미리 파악해야 한다. 학생들이 흥미를 느끼는 주제를 반영하면 참여도가 높아지며, 수업의 목표와 연결된 주제를 선택하여 학생들이 필요한 지식을 습득할 수 있도록 한다. 또한 이전 수업과의 연계성을 고려하여 주제를 정하면 더욱 효과적인 학습이 가능하다. 현재의 사회적 이슈 또는 문화적 이슈를 반영하여 실생활과 연결된 주제를 다루면 학생들이 더 잘 이해할 수 있다. 강의란 무엇일까? 누구를 위한 것일까? 이 질문에 대한 답은 주제의 선정에 깊이 반영된다고 생각한다.

강의란 특정 주제나 내용을 전달하기 위해 강사가 학생들에게 설명하고 가르치는 과정을 의미한다. 강사는 정보를 제공하고, 학생들은 질문이나 토론을 통해 학습을 심화시키는 방식으로 진행된다. 강의는 대학교, 학원 등 다양한 교육환경과 문화 속에서 이루어지며, 지식 전달뿐만 아니라 사고력과 문제 해결 능력을 기르는 데 중요한 역할을 한다.

전문성을 가진 강사가 자연의 경험과 과학적 지식을 바탕으로 주제를 설정하면 신뢰성 있는 수업이 이루어진다. 이러한 요소들을 고려하면 더욱 알찬 강의를 만들 수 있다. 나는 수업의 강의 주제를 정할 때 창작과 즉흥성을 동원하여 새로운 내용을 추구한다. 현실에 맞는 것보다 다른 이들이 항상 알고 있는 도구를 새로운 영역의 작품으로 변화시킬 수 있도록, 수업의 도구를 새로운 창작 재료로 활용한다. 예를 들어, 육체 즉 몸을 도구로 삼아 산, 돌, 바다 등 자연의 움직임을 표현하며, 몸으로 만든 동작의 작품을 바탕으로 하, 중, 상의 수업 기초에 반영한다. 나는 인간이 태어나 활동하는 사회가 강의에 반영되는 도구라고 생각한다. 사회의 구조 속에는 강의 주제 자료가 풍부하다. 따라서 사회를 바라보며 강의 주제를 반영하는 것 또한 매우 중요하다고 하겠다.

훌륭한 강의주제를 정하는 방법

박동철

강의하기 전에 가장 중요한 문제는 주제를 정하는 것이지만, 생각처럼 쉽지 않을 수도 있다. 강의 주제는 청중이 원하는 내용이 무엇인지, 그리고 청중에게 무엇을 전달할 것인지 구체적이고 명확하게 나타내야 한다. 건강관리를 주제로 강의한다면, 건강관리에 관한 구체적인 주제를 반영해야 한다. 예를 들어서 건강관리에 좋은 운동은 무엇인가? 다이어트에 좋은 음식은 무엇인가? 심폐지구력 운동은 건강에 어떤 영향을 미치는가? 이처럼 세부적인 주제로 좁히는 것이 내용의 깊이를 더하고 청중의 관심을 끌어낼 수 있으며, 주제를 정할 때 반영하는 요인에는 외적인 요인과 내적인 요인 두 가지 나누어서 분석하면 다음과 같다.

첫째, 주제를 정할 때 외적인 요인들을 반영한다.

외적인 요인들은 강의 대상자의 연령대, 직업, 성별, 환경 등 여러 가지 특성들을 분석하여 주제를 결정해야 한다. 젊은 청소년들 세대에게 건강관리를 강의한다면, 의미가 퇴색된다. 누구보다 젊고 건강한 세대이기 때문이다. 또한 고령의 어르신들께 건강을 위해서 중량 운동을 권하는 주제를 정한다면, 적절하지 않은 주제다. 또한 청중의 직업과 관련하여 맞지 않거나 여성과 남성의 강의 주제가 다를 수밖에 없다. 그리고 겨울에 온열질환 강의를 한다거나 여름에 동상이나 폭설 관련 강의를 한다면 외적인 요인들에 맞지 않는 강의가 될 수 있다.

둘째, 주제를 정할 때 내적인 요인들을 반영한다.

내적인 요인들은 강의 대상자의 관심사, 가치관, 현실성, 필요성 등 내적인 요인들을 분석하여 주제를 결정해야 한다. 얼마 전에 청소년들을 대상으로 호신술을 강의한 적이 있었는데, 너무 좋아하고 관심이 많아서 다음에 2차 강의 요청이 들어 왔다. 이처럼 청중의 관심도가 높아야 다음 강의도 기대할 수 있다. 아무리 훌륭한 강의라 할지라도 청중의 무관심한 주제라면 반응이 크게 떨어지게 될 것이다. 또한 가치관이 다른 이질적인 강의를 한다면 청중은 시선을 돌릴 것이고, 현재 사회적인 논쟁거리가 되는 문제, 수강자가 꼭 수강해야 할 정도의 필요성을 느낄 수 있는 주제가 반영되어야 한다.

위와 같은 요소들을 반영하여 '몸매를 아름답게 가꾸고 싶은 중년 여성들'이란 주제로 다이어트 음식 조절 방법과 집에서 혼자 쉽게 할 수 있는 홈 트레이닝 같은 운동 프로그램으로 강의한다면, 청중은 강의가 마무리될 무렵, 아마도 거울을 바라보며 자신들의 더욱 아름다워진 모습을 상상할 것이다. 특히 자신의 몸매에 대해서 부정적으로 생각하는 여성이라면, 더욱 귀를 기울여서 청취하게 된다. 이 밖에도 주제를 정할 때 반영하는 요인들이 많이 있겠지만, 위에 내용처럼 외적인 요인과 내적인 요인을 참고해서 간결하고 청중이 쉽게 이해할 수 있는 주제를 정한다면, 훌륭한 강의 주제가 될 것이다.

강의 주제 선정은 학습 목표와 학생 수준 등을 고려한 의미 있는 교육 설계이다

배혜숙

강의 주제를 정하는 것은 강의 설계의 중요한 첫 단계라고 할 수 있다. 이 단계에서 반영해야 할 주요 내용들은 학습 목표, 학생들의 수준, 교육 과정의 흐름, 실용성, 최신 트렌드, 학생의 흥미, 시간과 자원, 평가 가능성 등이다. 이러한 요소들을 균형 있게 반영하면 학생들에게 의미 있고 유익한 주제를 선정할 수 있으며, 효과적인 교육 성과를 얻을 수 있다.

첫째, 학습 목표가 명확히 설정되어야 한다. 학습 목표는 강의를 통해 학생들이 무엇을 배우고, 어떤 능력을 키울 수 있을지 방향을 제시하는 역할을 한다. 이때 목표는 구체적이고 측정할 수 있어야 한다.

둘째, 학생들의 수준이 고려되어야 한다. 학생들의 사전 지식과 학습 능력을 고려해 강의 내용을 구성해야 한다. 너무 어려운 주제는 학생들에게 좌절감을 줄 수 있으며, 반대로 너무 쉬운 주제는 흥미를 잃게 할 수 있다. 따라서 학생들의 수준에 맞게 강의 주제를 선정해야 한다.

셋째, 학생들의 관심사와 요구가 잘 반영되어야 한다. 학생들이 실제로 배우고 싶어 하는 주제나 관심 있는 주제를 선택하면 강의 참여도가 높아진다. 이를 위해 설문조사를 하거나, 학생들과의 대화를 통해 그들이 어떤 주제에 관심이 있는지 파악하는 것도 좋은 방법이다.

넷째, 교육 과정의 흐름과 실용성도 중요한 요소이다. 강의 주제는 교육 과정 내에서 자연스럽게 이어지도록 설계되어야 하며, 학생들이 실생활에서 적용할 수 있는 실용적인 지식을 전달할 수 있어야 한다. 왜냐하면 이 요소들은 학습 후 기대할 수 있는 효용성과 기대효과를 높이는 데 이바지할 수 있기 때문이다.

다섯째, 최신 트렌드를 반영하는 것은 학생들의 흥미를 끌고, 현재와 미래를 대비하도록 돕는 좋은 방법이다. 최신 정보를 강의에 포함하면 학문적·실무적으로 유익하다. 예를 들어, 인공지능 수업에서는 최신 AI 알고리즘, 기계 학습 기법, 윤리적 문제 등을 다룰 수 있다.

마지막으로, 시간과 자원, 평가 가능성을 고려해야 한다. 주어진 시간 내에 충분한 내용을 전달하고, 학생들이 실제로 배운 내용을 평가할 방법을 미리 생각해 두는 것이 필요하다. 평가는 학습 목표를 성취했는지 확인하는 중요한 과정이기 때문에, 이를 위한 평가 방식을 미리 설정하는 것은 강의의 완성도를 높이는 데 도움이 된다.

학습자의 연령대, 강의 형식, 수준, 그리고 학습자의 목적을 종합적으로 반영

소경희

강의 주제를 정하는 과정은 단순히 내용을 선정하는 데 그치지 않고, 학습자의 특성과 상황을 깊이 이해하는 데서 시작된다. 강의를 듣는 대상이 어린이, 청소년, 성인, 노인인지에 따라 강의 방향과 내용이 달라지는 것은 물론이다. 각 연령대의 학습자는 서로 다른 요구와 관심사를 가지고 있으며, 이를 반영하지 않는다면 강의의 효과는 현저히 감소할 수 있다.

또한 강의의 형식도 주제 선정에 중요한 요소다. 체험학습인지, 정기적으로 받는 수업인지, 한 학기 혹은 1년 동안 진행되는 수업인지에 따라 준비해야 할 내용과 접근 방식이 달라진다. 체험학습이라면 보다 실습 중심의 자료와 활동이 필요하며, 정기적인 수업에서는 체계적이고 점진적인 학습이 이루어질 수 있도록 주제를 구성해야 한다.

학습자의 수준에 맞게 난이도를 설정하는 것도 필수적이다. 초보자를 상대로 할 때와 숙련자를 대상으로 할 때의 주제와 내용은 당연히 달라야 하며, 이를 통해 학습자들이 자신의 역량에 맞는 도전 정신을 느낄 수 있도록 해야 한다. 만약 난이도가 지나치게 높거나 낮다면 학습자는 지루함을 느끼거나 좌절감을 경험할 수 있다.

또한 학습자가 강의를 듣는 목적도 고려해야 한다. 취미로 배우는 경우와 직업으로 선택하기 위한 경우는 접근 방식과 주제 설정이 다를 수밖에 없다. 취미로 마술을 배우는 학습자는 즐거움과 흥미를 중시하는 반면, 직업으로 선택하려는 학습자는 더 심화한 기술과 전문적인 지식을 원할 가능성이 높다. 이러한 차이를 인지하고, 강의 주제를 설정할 때 적절한 조율을 하는 것이 중요하다.

강의 주제를 정할 때는 학습자의 연령대, 강의 형식, 수준, 그리고 학습자의 목적을 종합적으로 반영해야 한다. 이러한 요소들이 조화롭게 어우러질 때, 강의의 질은 비약적으로 향상될 것이며, 학습자들은 더욱 풍부하고 의미있는 경험을 할 수 있을 것이다. 강사로서 나의 역할은 이러한 다양한 요소를 세심하게 고려하여, 모든 학습자가 만족할 수 있는 강의를 제공하는 것이다.

2

강의 준비 과정에서
가장 중요하게 생각하는 요소

구체적 사례로 명확히 방법을 찾고 있는가?

강혜원

매번 수업을 준비하면서 목표를 일회성이 아니라 지속 가능한 '배움의 여정'을 수강자들의 삶 속에 녹이는 것으로 설정하고, 강의 내용을 시각적 이미지화하는 데 가장 많은 시간을 할애하고 있다.

특히 다양한 교육 강의에 마술 융합 발명 마술 강의는 현상을 방법론으로 해석할 수 있는 교수법을 활용하며, 수강생들이 시각적으로 구체적인 이미지를 상상할 수 있도록 강의 자료를 계획하고 준비한다. 이처럼 배움의 과정에서 계속되는 새로운 시각적 전개 방식을 수강생들에게 전달하고자 매번 다짐하며 강의 준비를 한다. 앞선 내용이 꼭 정답은 아니지만 매번 경험한 몇 가지 나만의 방법론을 제시하고자 한다.

첫 번째로 구체적 예시를 통한 이해 돕기다. 언어와 발명 마술 교육의 의미를 알 수 있는 체계적 자료와 동영상 자료를 수업 자료로 적용하고 있다.

두 번째는 '스토리텔링' 마술 오브제를 적용하는 것이다. 수강자와의 친밀도가 높아지고 강사 경험을 제시하며 강의를 진행할 수 있기 때문이다. 부드러운 진행으로 수강자들의 흥미와 집중도를 높이며 자연스레 질문과 발문을 유도하는 데 수월할 수 있다.

세 번째로는, 수강자들과의 적극적인 의사소통이다. 수업 시간에 수강자들이 궁금증으로 쉬운 질문을 눈치 보지 않고 할 수 있게 편안한 분위기를 만들도록 노력하고 있다.

결국 소통을 통해 강의 자료를 전달받은 수강자들은 이해도를 한층 더 깊이 있게 고찰하며, 어려운 부분을 응용적으로 해석하고 스스로 해결 방법을 모색할 수 있는 논리적 구성 요소를 쉽게 받아들일 수 있는 방안을 항상 탐색하고 있다. 이들은 효과적인 교수법을 찾는 데 열정을 쏟고 있으며, 이러한 과정에서 자기 주도적인 학습 능력을 더욱 발전시키고자 한다. 이처럼 수강자들의 필요한 능력 및 자질을 발달시키는 데 도움이 될 수 있도록 내용을 구성하여 전달하고, 부정확한 내용으로 인해 수강자들이 혼란에 빠지지 않도록 하는 것이 중요하다고 생각한다.

즉 강사 또한 '수강자를 가르치는 청자'일 뿐이며, 스스로 공부를 하며 소통, 질문, 토론, 상호 존중의 관심을 자연스럽게 가질 수 있도록 배움의 즐거움 '씨앗'을 심는 것이 중요하다. 강의자는 언제나 형식적인 글의 내용을 전달하는 것이 아니라 추론하고 다양한 각도에서 함께 다채로운 교수법을 모색하고 준비된 자세가 필요하다.

나의 강의가 누군가에게는 꿈이 되기를

김수연

나는 항상 강의를 준비하면서 내가 강사를 꿈꾸던 지난날을 회상한다. 지금은 꿈꾸던 강사가 되어 강의하는 나의 모습이 누군가에게는 또 다른 꿈이 될 수 있다고 생각한다. 그래서 항상 강의를 준비하며 강의 목적과 학습 목표를 정확하고 명확하게 설정하려고 노력한다.

　강의 내용을 논리적이고 체계적으로 구성하며, 주요 주제를 중심으로 서브 주제를 배치하는 데 주의를 기울인다. 강의를 듣는 대상자들의 나이, 수준, 그리고 관심사를 고려하여 강의 주제를 정하는 것이 매우 중요하다고 생각한다. 나의 강의를 통해 강의를 듣는 이들에게 더욱 효과적으로 전달되고, 꿈을 꾸는 누군가에게는 그 꿈을 이루는 데 도움이 되는 강의를 하고 싶기 때문이다.

　강의 준비 과정에서는 시각, 청각, 그리고 다양한 보조 자료를 활용하여 학습 효과를 극대화하고자 한다. 슬라이드, 동영상 등 다양한 매체를 활용하여 수업을 더욱 풍부하게 만든다.

　이렇게 준비한 강의를 집에 있는 전신 거울 앞에서 여러 번 연습하고, 동료 강사들에게 피드백을 받아 부족한 부분을 보완하려고 노력한다. 대한민국의 평범한 아줌마에서 이제는 늦깎이 강사로서 꿈을 이루고, 매일 행복하게 강의하며 살아가는 내 모습이 뿌듯하다.

　나의 강의가 누군가에게는 간절히 바라는 꿈이 될 수 있다고 믿으며, 그 꿈이 꼭 이루어지기를 바라면서 또 다른 꿈을 채워주기 위해 오늘도 강의 준비에 매진하고 있다.

뻔하지만 뻔하지 않은 교육

김현숙

인권 강의나 폭력 예방 강의는 대부분 의무교육이라 매년 수강하여야 하므로, 담당 강사에게는 뻔하지 않고 가슴에 진한 느낌을 선사하는 것이 하나의 목표가 되기도 한다. 또한 재미보다는 다소 무겁고 딱딱할 것 같은 선입견도 있어 교육 참여자들은 약간 긴장된 모습을 보이기도 한다.

인권 교육은 교육 참여자의 '인권 감수성', '인권의 가치에 대한 신뢰', '인권을 행사하는 경험'을 목표로 하고 있다. 이 목표를 교육 참여자들에게 어떻게 가슴에 울림을 주고 전달할 것인지는 강사의 몫이며, 큰 숙제가 된다.

장애 관련 복지 기관에서 강의할 경우, 기관에 종사하는 사회복지사들은 자신의 인권을 탐구하기보다 이용인의 인권 보호에 관한 교육을 주로 접하게 된다. 그래서 이런 이야기를 하기도 한다.

"선생님! 요즘은 우리들의 인권보다 장애인의 인권이 더 우위에 있어요."

인권은 누구의 인권이 더 위에 있고 아래에 있어서는 안 되며, 누구나 동등해야 한다.

예전에는 장애인의 인권이 거의 보장되지 않았기 때문에 사회복지사의 인권이 당연히 우위에 있었다. 요즘 장애인들도 다양한 인권 교육을 받으면서 그들의 인권이 점차 향상되었지만, 아직도 사회복지사의 인권보다 우위에 있지는 않다. 이것은 아마도 상대적으로 느껴지는 권리의 감각 때문일 것이다. 성희롱 예방 교육을 할 때나 교사 교육을 할 때도 비슷한 질문들이 나오곤 한다. 중요한 사실은 우리 모두의 인권이 동등해져야 한다는 것이다.

그러므로 인권 교육은 교육 참여자들이 주인공이 되어 자신들의 문제를 스스로 찾아내고, 친인권적인 방법으로 해결점을 스스로 찾아가는 여정이 되어야 한다. 이를 통해 서로 공감하고, 서로의 다름을 이해하며, 그 결과로 존중을 실천할 힘을 기를 수 있도록 친절한 안내를 해야 한다. 또한 교육 참여자들이 마음껏 이야기할 수 있는 토론의 장을 열어 주고, 친인권적인 감각을 키워 긍정적인 변화를 표현할 수 있도록 하는 역할을 해야 한다.

또한 강의의 내용이 이론에 그치지 않고, 대상과 상황에 따라 적절한 사례를 들어 이론적인 인권의 가치를 현장에서 어떻게 실천하면 좋을지에 대한 고민도 매우 필요한 요소다.

매년 교육을 받고 있으므로 이론적으로 어떤 인권 감수성을 가져야한다는 것은 잘 알고 있지만, 이 이론을 평소에 어떻게 적용하면 좋을지에 대한 고민이 늘 존재한다. 현장에서 어떤 감수성을 가지고 말과행동을 할지에 대한 구체적인 내용을 다루는 것이 바로 살아있는 인권교육을 할 수 있는 비결이라고 할 수 있다.

강사와 청중의 하모니로 배움이 꽃피는 순간

백세영

강사와 청중이 조화를 이루며 배움의 꽃을 피우는 순간은 진정한 소통과 상호작용을 통해 이루어진다. 성공적인 강의는 강사가 일방적으로지식을 전하는 것이 아니라, 청중에게 무엇이 필요하고 그들이 무엇을얻고자 하는지를 깊이 이해하는 것에서 시작된다고 할 수 있다. 청중의기대와 수준을 파악하고, 그들의 반응에 맞춰 유연하게 강의를 진행하는 것이 성공의 핵심 요소가 될 것이다.

먼저 청중이 전문가인지 초보자인지를 구분하는 것이 중요하다. 청중의 수준에 맞춰 강의를 진행하지 않으면 중간에 방향을 바꿔야 하는상황이 발생할 수 있다. 예를 들어, 청중이 전문가임을 미리 알았다면더 심도 있는 내용을 준비할 수 있었지만, 그 점을 간과해 강의 중 급하게 내용을 조정했던 경험이 있다. 실시간 질문이나 짧은 퀴즈를 통해 청중의 반응을 확인하고, 그에 맞춰 강의를 유연하게 조정하는 것도 효과적인 방법이다.

강의 자료 역시 중요한 역할을 한다. 텍스트만 나열하기보다는 시청각 자료나 실생활 사례를 활용해 청중의 흥미와 집중도를 높이는 것이 좋다. 실제로 지루한 주제를 동영상과 실생활 예시로 설명했을 때, 청중의 몰입도가 크게 향상된 경험이 있다. 또 나 같은 경우는 학부에서 독일 문학, 석·박사과정에서 상담심리학과 문학 심리치료를 전공했기에 옛이야기, 민담 등을 이용한 스토리텔링 기법을 자주 접목한다. 남녀노소 누구나 재미있어하는 옛이야기를 들려주면 청중들의 눈빛이 어느새 반짝반짝 빛나는 것을 확인할 수 있다. 청중의 참여를 유도하는 질문이나 토론은 능동적인 학습 환경을 조성하는 데 매우 효과적이다.

강의 중 예상치 못한 상황에 대비해 대안을 준비하는 것도 중요하다. 한 번은 청중의 반응에 맞춰 강의 흐름을 즉시 변경한 적이 있었고, 이를 통해 유연한 대처 능력의 중요성을 다시 한번 실감했다. 유연성은 강의의 생동감을 더해줄 뿐 아니라 청중에게 맞춤형 경험을 제공하는 데 필수적이다.

성공적인 강의는 청중과의 소통에서 시작된다. 청중의 기대와 요구를 파악하고, 그에 맞춰 강의 방향을 조정하며, 다양한 시청각 자료를 활용해 흥미를 끌어내는 것이 강사의 역할이라 할 수 있다. 강의는 더 이상 일방적인 정보 전달이 아니라 청중과 함께 배우고 성장하는 여정이다. 이러한 상호작용 속에서 진정한 배움의 순간이 탄생하며, 그 순간을 함께 만들어가는 것이 강사의 중요한 임무라 할 수 있겠다.

교육생들의 필요를 정확히 파악한 강의

이남희

내가 강의 준비 과정에서 가장 중요하게 생각하는 첫째 요소는 바로 교육생들의 필요다. '시간은 금이다.'는 말이 있다. 이처럼 귀한 시간을 내어 참여한 교육생들에게 꼭 필요한 강의를 해서, 이 사람들이 반드시 무엇인가를 얻어가게 한다는 것이 나의 가장 중요한 강의 철학이다. 특히 강의 오프닝에서 이 말을 하게 되면, 강의에 대한 몰입도가 눈에 띄게 좋아짐을 느낀다.

비록 똑같은 주제의 강의더라도, 내가 교육하는 교육생들에 따라서 강의 진행 방법은 달라져야 한다고 생각한다. 그리고 때로는 교육생들도 자기가 무엇을 원하고 있는지 잘 모를 때도 있다. 그럴 때는 교육생들의 가려운 곳을 찾아서 알려주는 강사가 되어야 한다. 예를 들면, 요즘 시니어들은 건강에 관한 관심이 높아지면서 시니어들을 위한 운동

프로그램들이 우후죽순처럼 많이 생겨났다. 나는 시니어들만을 위한 보디빌딩 프로그램을 개발하여 좋은 반응을 얻은 적이 있다. 이 강좌에서는 해부학과 영양학에 바탕을 두고, 시니어들의 자세 교정과 부상 방지에 중점을 둔 보디빌딩 훈련 방법을 가르쳤다.

현재의 시니어들은 우리 부모님들 세대와는 다르다. '액티브 시니어'란 단어를 한번은 들어봤을 거라 생각한다. 은퇴 이후 소비생활과 여가생활을 즐기며 사회활동에도 적극적으로 참여하는 50~60대들을 말한다. 그들은 자신에게 투자도 많이 하고, 경제적인 여유도 있다. 나는 이 '액티브 시니어'들이 참여하고 싶은 여가생활 프로그램들이 부족하다는 판단을 했다. 오늘날 시니어들은 요가와 필라테스와 같은 전통적인 운동 프로그램에 관심이 있지만, 보디빌딩과 같은 근력 운동에도 많은 관심이 있다는 것을 알게 되어 이러한 프로그램을 만들게 되었다.

이렇게 교육생들의 필요를 파악하기 위해서, 나는 여러 강사의 강의를 들으며 아이디어를 얻고, 평소에 신문 기사와 전문 서적들을 가까이하면서 사회의 변화에 민감해지려고 노력한다.

또 아무리 교육생들이 강의가 자신의 삶과 관련 있다고 느끼더라도 그 강의가 교육생들의 눈높이에 맞지 않으면 또한 흥미가 반감된다. 그래서 나는 사전에 프로그램 운영자들로부터 내가 이번 시간에 교육하는 교육생들이 어떤 사람들이고 어떤 환경에서 사는지 등을 철저하게 조사한 후 교육생들의 눈높이에 맞는 강의를 준비하려고 노력한다.

청산유수와 같이

이형모

강의 준비 과정에서 가장 중요하게 생각하는 것은 주제의 명확성과 청중의 이해이다. 강의 주제가 선정되면, 관련된 많은 자료와 청중의 수준, 즉 규모, 성향, 직업 등의 정보를 철저히 수집하여 자신만의 독창적인 콘텐츠를 만드는 것이 강사로서 매우 중요하다고 생각한다. 또한, 평소에 시사 잡지, 신문, 책 등을 많이 읽고, 쓰고, 듣는 습관을 통해 깊이 있는 지식과 전문성을 갖추며 최신 동향을 파악하는 것이 새로운 콘텐츠를 창출하는 데 큰 도움이 될 것이다.

강의는 강사의 소개로 시작되고, 강의 주제에 따라 과거에 실현한 성과와 경험을 통해 전문성을 강조한다. 청중이 기대할 수 있는 미래에 대한 설명과 자신이 지닌 구체적인 꿈을 소개함으로써 청중의 흥미와 기대를 높일 수 있다. 흥미로운 내용은 각기 다르므로, 청중의 다양한 경험을 고려하여 다양한 예시나 이야기를 활용하는 것이 효과적이다.

강의에 대한 열정을 가지고 임해야 하며, 청중에게 긍정적이고 희망적인 메시지를 전달하여 강의를 흥미롭게 만들어야 한다. 언어는 명확하고 간결하게 구사하고, 청중 수준에 맞추어 복잡한 단어는 쉽게 이해할 수 있도록 표현하는 것이 중요하다. 이를 통해 강의를 진행할 때 자신감 있게 임할 수 있도록 사전에 충분히 준비하고 연습하여, 자신감과 희망의 메시지를 전달한다.

청중들에게 전문적이고 깔끔한 인상을 주기 위해 적절한 복장과 용모를 유지하며, 유머와 미소를 통해 강의를 더욱 흥미롭고 부드러운 분위기로 이끌어가는 것이 중요하다. 이러한 태도와 용모로 준비함으로써 청중에게 긍정적인 인상과 이미지를 제공하는 효과적인 강의가 될 수 있다.

강의는 정보와 공감, 흥미를 제공하며, 효과적인 전달을 위해 먼저 핵심 메시지를 전달한 후 본론으로 자신의 이야기와 청중의 경험, 타인의 사례 등을 구성한다. 중간에 적절한 쉬는 시간을 가지며 청중의 흐름과 피로도를 고려하여 진행한다. 강의의 마무리 단계에서는 청중의 질문에 답하거나 의견을 나눌 시간을 마련하여 상호 소통의 기회를 제공하고, 마무리에는 핵심 메시지를 강조하는 것으로 강의를 마친다.

3

다양한 학습자료 및 도구 활용법

창의적 아이디어와 이성적 선별

김성희

　좋은 내용의 강의를 성공적으로 이끌기 위해서는 무엇보다 강사의 강의 능력이 중요하다. 강사의 능력은 주제에 맞는 좋은 내용을 구성하고 효과적으로 전달할 수 있도록 내용을 전개하는 것이다. 그리고 그에 못지않게 내용을 풍성하게 해 줄 학습자료와 도구의 활용 능력이다. 학습자료와 도구를 적절하게 사용하면 강의 집중도를 올리고 즐겁게 몰입할 수 있다. 또 내용을 효과적으로 전달하고자 할 때 매우 유용하다.

　학습자료와 도구를 사용하는 이유는 강의 내용을 더 잘 전달하고자 함이다. 내용에 흥미를 느낄 수 있도록 돕거나, 내용을 더 쉽게 전달하고자 할 때, 또는 강조할 때 사용된다. 따라서 학습자료와 도구는 강의 내용과 관련성을 가지고 있어야 하며 강사는 학습자료 및 도구 사용에 있어 분명한 목적성을 가지고 있어야 한다. 또한 위의 목적을 달성하기 위해 효과적인 자료와 도구를 사용해야 한다.

　그렇다면 학습자료 및 도구로 사용할 수 있는 것은 무엇일까? 학습자료와 도구는 한정적이거나 특별한 제한을 두지 않는다고 할 수 있다. 내용 면에서 연구 및 문헌자료, 공공기관의 통계자료, 기사와 인터뷰자료, 형식 면에서 사진 및 영상자료, 설문 및 활동 기록지, 만들기나 미술 재료, 악기나 소품 등의 학습자료와 도구를 사용할 수 있겠다. 강의 내용을 효과적으로 전달하고, 강의에 흥미롭게 참여하여 체험할 수 있도록 돕는다면, 강사의 창의력에 따라 다양한 학습자료와 도구의 사용은 권장할 만하다.

　그러나 학습자료와 도구 사용에 있어 유의할 내용도 있다. 과도한 학습자료의 제시나 지나친 도구 사용은 오히려 강의에 대한 집중력을 떨어뜨리거나 피로감을 느끼게 할 수 있다. 따라서 배정된 강의 시간과 강의 내용의 분량을 고려하여 적절한 분량의 자료와 도구가 사용되어야 한다. 또한, 강의 참여자의 수준에 맞는 학습자료와 도구가 선정되어야 한다. 강의 참여자의 나이, 집중 정도, 이해 수준을 고려하여 너무 어렵지도, 너무 쉽지도 않은 것이 좋다.

학습자료는 최근의 정보나 트랜드를 바탕으로 구성되거나 준비할 필요가 있다. 통계자료나 사회적 경향성에 바탕을 둔 자료들은 강의 주제가 같더라도 매번 검토하고 새로운 자료로 보충하는 것이 필수적이다. 강사는 최근의 사회적 변화나 세대별 관심 주제 등에 대해 잘 이해하고 그와 관련된 정보를 습득해야 한다. 그러한 과정에서 강의에 대한 새로운 아이디어와 자료들을 찾아내고 활용할 수 있다.

학습자의 참여도와 학습 성과를 향상하는 도구 개발 활용

김순복

강의 준비에서 학습 자료는 청중과 소통할 수 있는 핵심 요소다. 효과적인 학습 자료는 청중의 이해도를 높이고, 흥미를 유발하며, 학습 목표를 달성하는 데 있어 무엇보다 설득력이 있어야 한다. 다양한 공감 학습 자료를 활용함으로써 자연스럽게 청중의 마음을 열 수 있다.

학습 자료의 유형은 여러 가지가 있다. 교재, 논문, 기사 등을 포함한 텍스트 자료부터 시각화 자료, 교구를 활용한 공감 학습 자료까지 청중의 관심을 끌 수 있는 유용한 자료들이 많다. 시각화된 강의 슬라이드, 이미지, 동영상 등은 정보를 더욱 직관적으로 설득력 있게 전달해 준다. 특히 복잡한 개념이나 데이터를 설명할 때 유용하며, 시각적 요소는 기억력을 높이는 데 효과적이다. 청중들이 다양한 방식으로 정보를 쉽고 재미있게 습득할 수 있도록 도와줘야 한다.

디지털 도구의 활용도 매우 중요하다. Zoom, Google Meet과 같은 온라인 회의 플랫폼은 원격 강의를 가능하게 하며, 청중과의 소통을 원활하게 한다. 강의 녹화 기능을 통해 복습 자료를 제공할 수 있는 점도 큰 장점이다. 한국강사교육진흥원 회원들이 전국에 1,300명 정도 분포되어 있어 회원 역량 강화를 위해 매주 2회씩 온라인 플랫폼 Zoom으로 수업을 진행하고 있다.

또한 온라인 여러 협업 도구는 그룹 프로젝트나 팀 활동을 지원한다. 청중들이 함께 참여하여 작업할 수 있는 공간을 제공하고 협력적 학습을 촉진하고 공유함으로써 수업의 질이 높아진다.

대면 강의에서 다양한 교구를 활용해 재미있는 수업을 진행한다. "재미없는 수업이란 없다. 재미없게 가르치는 강사만 있을 뿐이다."라고 강사 과정에서 강조하곤 하는 것을 대면 강의에서 실천한다. 일상에서 친숙한 것을 위주로 강의 교구를 찾고 개발한다. 사소한 것도 그냥 지나치지 않고, '강의 교구로 활용할 수 있는 방법이 없을까?' 연구하게 된다. 강의 교구가 될 것 같지 않은 것들을 교구로 만들어 낼 때 학습자들의 호기심이 발동해 집중하게 되고 관심도가 높아진다.

학습 자료를 개발할 때는 목표 설정이 중요하다. 강의의 목표를 명확히 설정하고, 이에 맞는 자료를 개발하는 것이 필요하다. 학습 목표에 따라 자료의 깊이와 범위를 조절해야 한다. 학습자들의 피드백을 적극적으로 반영하여 자료를 개선하는 것도 중요하다. 이를 통해 강의의 질을 높이고, 학습자의 만족도를 향상할 수 있다.

일상생활 속 도구들의 새로운 모습의 반란

김순화

다양한 학습 자료는 매우 풍부하다. 이러한 학습 자료와 도구를 활용하기 위해서는 창작, 즉흥, 그리고 자연스러운 움직임을 모티브로 삼아 학습 자료를 만들어야 한다. 예를 들어, 바다의 생물인 오징어, 소라, 물고기, 상어, 불가사리 등을 몸으로 소리 내어 표현하면, 다양한 창작 동작이 학습 자료로 등장할 수 있다.

학습자료는 우리의 지식과 몸에서 비롯된다. 나의 몸과 선택한 도구를 통해 많은 활용이 가능하다. 예를 들어, 수건을 도구로 활용하여 춤을 추고 동작을 만들면서 매듭을 매는 동작을 창작 도구로 사용하고, 수건으로 동그라미를 만들어 지구를 표현하는 상상력을 펼쳐보는 것도 한 방법이다. 이를 던지면서 왈츠, 던지기, 굴림, 점프 등 다양한 표현 학습자료의 도구 활용법으로 이용될 수 있다.

다양한 학습자료 및 도구의 활용법은 우리의 일상생활에서 기초로 이루어지는 것 같다. 인간이 살아가는 시대의 변화 속에서 학습자료와 도구 또한 진화하고 있음을 느낀다. 미래의 다양한 학습자료 및 도구 활용법의 변화에 큰 기대를 걸고 있다. 노인 오락, 장애인, 워십 등 다양한 장르를 연구하는 나는 학습자료와 도구의 활용을 위해 내 몸이 재료가 되어야 하며, 건강해야만 새로운 아이디어가 샘솟을 수 있다고 믿는다. 나는 이러한 일들을 사랑한다.

수업은 복사본이 아닌 새로운 도전의 지식으로, 창작과 연구, 개발이 이루어져야 한다. 물론 복사본을 연구해야 하는 필요성도 인정하지만, 한 사람의 개발이 복사처럼 단순히 사용되는 경향이 많다. 내 생각과 아이디어의 추가가 복사본을 창조와 개발로 연결해 준다. 필요한 유튜브나 챗봇에 의지하기도 하지만, 진정한 학습자료의 활용법은 뇌 속에서 내 생각을 실천하는 것이다. 시간은 오래 걸릴 수 있겠지만, 개발의 의로움은 분명히 존재한다. 발전이 없어 보일지라도, 연구한 개발 속에서는 큰 열매를 맺을 것이다.

내 수업 도구의 예를 들어보겠다. 수업 제목은 '도구로 신발과 의자를 이용한 새로운 창작 수업의 기초 만들기'다. 신발의 종류는 남녀노소를 아우르는 운동화, 구두, 고무신, 장화, 작업용 신발 등 다양하다. 각 학생이 원하는 신발을 준비하고, 그 신발로 다른 것을 표현하는 창작 동작을 만들어 본다. 학생마다 각기 다른 표현이 나올 것이다. 신발을 악기로 만들어 두들기고, 발이 아닌 손에 신고 손으로 걸어보기도 한다. 고무신을 신고 할머니의 걸음을 만들어 보고, 신발 도장으로도 활용하며, 신발 끈을 풀어 빙빙 돌려보는 경험도 해본다. 의자에 앉아 신발을 가지고 놀거나, 의자 위에 서서 신발을 이용하고, 혹은 의자를 징검다리 삼아 고무신을 신고 건너가는 동작도 시도한다. 이러한 다양한 동작을 활용하여 노래에 맞춰 노인 수업에서는 신발 악기 연주 수업의 창작이 이루어지고, 장애인 수업에서는 새로운 수업 아이디어가 샘솟아 다른 수업의 재료와 도구가 된다. 나는 이러한 도구의 창작과 즉흥성을 사랑하고, 즐기며 연구한다.

발달장애인 대상 맞춤 강의

김현숙

장애 분야에서 당사자 인권 강의 의뢰가 오면 약 90% 정도가 발달장애인을 대상으로 하는 경우이다. 보통 발달장애인을 대상으로 하는 강의는 매우 어렵게 느껴지곤 한다. 그 이유는 발달장애인에 대해 잘 모르기도 하고, 너무 다양하여 누구에게 어떻게 눈높이를 맞춰야 할지, 그에 맞는 콘텐츠를 어떻게 준비해야 할지를 파악하기 어렵기 때문이다. 같은 그룹 안에서도 장애의 성향, 특성, 상황이 모두 달라 도대체 어디에 맞추어야 할지 난감한 경우가 많다. 그럴 때, 어디에 기준점을 두어야 할까? 중간 정도에 맞출까? 아니면 의사소통이 가능한 사람에게 맞출까?

이런 경우 나는 가장 어려운 사람에게 기준을 두어 '소외되는 사람이 없는 강의'를 할 수 있도록 설계한다. 콘텐츠를 준비할 때 미리 대상 파악을 세밀하게 하여 개인에게 맞는 준비물을 챙긴다. 예를 들어, PPT에 그림 등을 넣을 때 따로 자료를 출력하여 PPT를 보기 어려운 사람에게 보여주기도 한다.

발달장애인 대상 강의를 하고자 할 때, 일단 발달장애에 관해 공부하고, 발달장애인들과 접해보고 어떤 장애인지 경험해 보는 것이 우선이다. 강의 기법은 그 다음이다. 발달장애인도 장애 정도가 달라 그에 맞는 자료와 도구를 개발하는 것이 핵심이다. 이는 발달장애인을 많이 접해보면 '그들의 입장이라면 어떻게 표현해야 잘 이해할까?'를 고민하여 만들면 그리 어렵지 않게 강의할 수 있다.

또한 같은 내용이라도 장애의 정도에 따라 다른 강의 기법들이 필요하다. 권리의 중요성과 다양성을 주제로 날달걀과 삶은 달걀을 이용하여 혼자 또는 여러 사람이 옮겨보며 나의 권리와 타인의 권리가 소중함을 경험해 보고, 각자 스타일대로 꾸미며 서로의 다양함을 느껴보는 활동은 즐겁게 접할 수 있는 인권 교육이 될 수 있다.

그 외에도 권리의 항목을 소개하고, 그 내용을 바탕으로 권리 책이나 권리 신문을 만들 수 있으며, 후속 교육으로 권리와 인권 침해를 구분해 보는 '권리 바구니, 침해 바구니'도 유익한 활동이 된다. 또한 나에게 어떤 인권이 있는지 알아보는 '인권 실루엣'이나 역할 머리띠를 이용한 역할극도 효과적인 교육 방법이다.

때때로 권리를 세분화하여 교육하기도 하는데, 그중 자기 결정권 교육을 의뢰받아 진행했던 것이 기억에 남는다. 보통은 자기가 좋아하는 것을 골라 어항 만들기나 배달 음식을 선택하여 주문하기 등을 하기도 하지만, 그 기관의 이용자들은 장애가 꽤 심하여 문자로 이루어진 교육이나 활동이 적합하지 않았다. 그래서 고심 끝에 각종 다양한 옷을 준비하여 '맘에 드는 옷 고르고 패션쇼 하기'를 시도해 보았다. 준비물은 각종 옷과 여러 가지 장신구들을 한 짐 싸 들고 갔었는데, 만족도는 200%였다. 옷이나 장신구의 선택은 물론, 선택한 것들로 몸을 치장한 후 복지관 통로를 런웨이 삼아 걷는 등 즐겁게 진행했다.

이와 같은 콘텐츠들은 교육 대상자의 상황에 따라 어떤 인권 교육이

필요한지 파악한 후 그들의 입장을 고려해 만들어진 기법으로, 김현숙
표 활동 기법이 되었다.

다양한 시각 자료 활용과 학습자 참여 수업

이남희

내가 강사 생활을 처음 시작할 때는 수업에 PPT만 잘 사용해도 전문
강사 소리를 들었다. 그러나 요즘은 유튜브나 각종 동영상 매체를 많이
접하다 보니 학습자들도 정적인 수업에는 금방 집중력이 떨어지고, 다
양한 시각자료를 사용해야 수업에 대한 집중도가 높아지는 것 같다.

강의를 진행하면서 점점 더 실감하게 되는 것은, 내가 강의한 방식
보다 학습자들이 강의를 마친 후 무엇을 기억하는지가 훨씬 중요하다
는 사실이다. 기억을 위해서는 학습자가 직접 체험하는 것이 가장 효과
적이라고 알려져 있다. 이에 따라 나는 내 강의에 학습자들이 적극적으
로 참여하도록 유도하는 참여형 교수법을 적용하고 있다.

첫째, 다양한 시각 자료를 활용한다.
강의 자료를 제작할 때는 몇 가지 원칙을 준수한다. 시각적으로 명확
하게 전달할 것, 이해하기 쉽게 구성할 것, 주목을 끌 수 있도록 돋보이

게 할 것 등이다. 파워포인트에 텍스트를 많이 삽입하여 강의를 진행했지만, 의욕만 앞섰을 뿐 강의에 대한 피드백은 그리 긍정적이지 않았다. 현재는 텍스트보다는 사진이나 이미지를 더욱 많이 활용하고, 동영상을 반드시 포함하려고 한다.

이것은 학습자들의 문해력 문제라기보다는 이미지와 동영상이 학습자들의 감정을 더욱 깊이 자극하여 수업에 몰입하게 만든다고 생각한다. 나는 파워포인트의 다양한 기능을 활용하며 동영상 자료를 많이 찾아서 짧게 편집하여 사용하며, 혹시 내가 찾는 알맞은 영상이 없을 때는 내가 직접 동영상을 만들어서 강의에 사용한다.

둘째, 학습자들의 강의 참여를 유도하는 것이다.

나는 특히 대화형 퀴즈를 활용하여 강의 초반에 교육생들이 적극적으로 강의에 참여하도록 하는 방법을 선호한다.

내가 즐겨 사용하는 사이트는 '퀴즈앤(QuizN)'과 '패들렛(Padlet)'이다. 퀴즈를 통해 학습자들이 얼마나 잘 이해했는지 확인하고, 즉각적인 피드백을 제공하여 학습 동기를 높이며, 동시에 게임 형식을 통해 재미를 느낄 수 있어 학습 참여도를 높일 수 있다. 인터넷 접속이 원활하지 않거나, 학습자들이 인터넷 접속이 원활하지 않거나 학습자들이 인터넷 사용에 어려움을 겪는 상황이라면, 나는 사이트에 접속하지 않고도 PPT를 활용하여 여러 장의 겹친 사진 실루엣을 관찰하면서, 사진 속에

숨겨진 정답을 맞히는 '안 숨은 그림 찾기'와 같은 게임을 강의 초반에
진행하여 학습자들의 참여도와 흥미를 높이는 방법을 즐겨 사용한다.

또 강의를 마무리할 때 소그룹 브레인스토밍 기법을 자주 사용한다.
문제 해결이나 아이디어 발굴을 위해 소그룹으로 나눠 브레인스토밍을
진행하면 학습자들의 소통과 적극적 참여를 유도해 낼 수 있다.

장소와 상황에 맞는 적절한 선택이 필수적

소경희

학습자들의 학습자료는 무궁무진하며, 그 종류에 따라 학습의 형태
와 방법이 달라진다. 마술의 세계에서도 이 원리는 마찬가지로 적용된
다. 핀이나 볼펜, 동전과 같은 작은 도구를 활용한 마이크로 매직, 카
드와 컵, 공을 이용한 클로즈업, 그리고 관객과의 소통을 통해 나누는
팔러 매직 등, 각각의 형태는 고유한 매력을 지닌다. 더 나아가, 조명
이 비추고 음악이 흐르는 무대 위에서 펼쳐지는 무대 매직, 헬리콥터,
오토바이 등의 물체가 사라지고 이동하는 일루젼, 심지어 자유의 여신
상이나 만리장성이 사라지는 그랜드 일루젼에 이르기까지, 마술 도구는
수천 가지 이상의 다양성을 지닌다.

이처럼 다양한 도구와 자료는 강사가 선택할 무궁무진한 가능성을 제공한다. 그러나 이러한 도구들을 효과적으로 활용하기 위해서는 연출하려는 장소에 따라 수업 내용과 자료가 달라질 수밖에 없다. 예를 들어, 파티장에서 강의는 경쾌하고 즐거운 분위기를 연출해야 하며, 이를 위해 보다 유머러스하고 상호작용적인 자료를 활용하는 것이 적절하다. 반면, 학교 교실이나 강당에서는 학습자의 이해를 돕기 위해 보다 체계적이고 명확한 자료가 필요하다.

또한 운동장과 같은 야외 공간에서는 공간의 특성을 살린 활동적인 학습자료를 활용할 수 있다. 예를 들어, 동작이 많은 마술이나 팀워크를 요구하는 게임을 통해 학습자들의 참여를 유도하고, 자연과 함께하는 경험을 제공할 수 있다. 컨벤션과 같은 대규모 행사에서는 시각적 효과가 뛰어난 대형 도구를 사용하여 관객의 시선을 사로잡는 전략이 필요하다.

강사가 다양한 학습자료와 도구를 효과적으로 활용하기 위해서는 장소와 상황에 맞는 적절한 선택이 필수적이다. 이를 통해 학습자들은 각기 다른 경험을 통해 마술의 매력을 느끼고, 강의의 질은 한층 높아질 것이다. 강사로서 나의 목표는 이러한 다양한 도구와 자료를 활용하여 학습자들에게 잊지 못할 경험을 선사하는 것이다. 다양한 학습자료와 도구의 활용은 강사와 학습자 간의 연결을 더욱 깊게 만들어 줄 것이다.

4

명강사로 성장하기 위한 경로

신뢰를 기반으로 올바른 성장에 대하여
고민하고 있는가?

강혜원

　매번 강의를 나가면서 그때마다 선택의 기준은 다르며, 그 기준에 의해 결과도 달랐다. 다수의 강의에서 어떤 강의는 수업하는 것에 만족했고, 자원봉사로 시작된 초보 강의를 진행할 시절, 어떤 강의는 만족스러운 결과를 손에 쥐지도 못하고 내려오며 끝난 경우도 수두룩하였다. 그러나 간혹 수업료보다 더 큰 가치를 돌려받고 가슴 뛰는 자부심을 얻는 경우가 있다. 이처럼 각기 다른 결과를 얻게 되는 이유는 무엇일까? 한동안 나 스스로 궁금증에 깊게 빠진 경우가 있었다. 결국 시간이 흘러 지금의 '나'를 돌이켜 보면, 스스로 문답을 하면 할수록 내가 찾은 정답은 '사람'이라는 것을 알게 되었으며, 그동안 강사로서의 '나'의 변화를 일깨울 수 있도록 경험한 방법론을 제시하고자 한다.

첫째, 강의력이다. 새로운 정보를 학습하고, 기록하며, 본인만의 교수법을 창의적으로 만드는 방법을 찾는 것이 매우 중요하다고 생각한다. 결국 본인만의 이야기를 강의 콘텐츠로 담아야 하며, 일반적인 천편일률적인 자료에 의존하지 말고 강사의 경험을 학생들에게 전달할 수 있는 스토리텔링으로 만들어낼 수 있어야 한다.

둘째, 이해력이다. 일반 대학에서는 쉬운 내용을 복잡한 이론적 논리로 변환하고 글로 무장한 교수들이 명교수로 여겨지지만, 일반 대중에게는 어려운 콘텐츠도 유아와 초등학생이 이해할 수 있도록 강의를 할 수 있어야 명강사로 성장할 수 있다고 생각한다. 강사의 풍부한 사례와 경험을 재미와 유머를 가미하여 강의 콘텐츠로 만들 수 있다면 수강자의 참여도와 몰입도를 끌어올리는 효과적인 전략이 될 수 있다.

셋째, 전달력이다. 좋은 경청자가 되기를 원한다면 화자에게 집중할 수 있는 자기 훈련이 필요하다. 강사는 본인에게 취해 혼자서 떠드는 일반 강의가 아니라 수강자들을 참여시키기 위해 시선을 골고루 분산하면서 수강자와 눈 맞춤을 끊임없이 해야 하며, 질문을 유도할 수 있도록 분위기를 만들어야 한다.

넷째, 정보력이다. 무엇보다 '책'을 많이 읽어야 한다. 남들이 보지 못한 것을 보고, 기존에 연결하지 않았던 지식을 연결하는 능력을 만들어야 한다. 창의적 연결 능력을 확대하는 방법을 명확하게 본인 스스로 만들어야 한다. 인간이 다른 이의 경험을 자기 것으로 만들고, 자신이 직접 탐구하지 않은 지식을 이해할 수 있도록 필요한 정보를 언어의 정보로 통합하여 강의에 필요한 지식적 정보를 활용할 수 있는 능력이 필요하다.

자신만의 스타일을 개발하기 위해 강사는 팔색조가 되어야 한다

김순복

명강사로 성장하기 위해서는 무엇보다 해당 강의 분야에서 전문성을 확보하는 것이 필수다.

지식이 풍부하다고 해서 명강사로 인정받는 것은 아니다. 끊임없이 효과적인 강의 기술을 연마해야 하며, 강의의 구조를 잘 짜고 학생들의 참여를 유도하는 방법을 익히는 것이 필요하다. 이를 위해 지속적인 학습이 필요하며, 강의할 자격을 갖추기 위해서는 최신 연구 결과와 동향을 반영한 강의 자료를 준비하고 관련 자격증이나 학위를 취득하는 것이 중요하다. 또한 전문 세미나나 워크숍에 참여해 지식을 업데이트하고 다른 전문가들과 네트워킹을 통해 시야를 넓히는 것도 큰 도움이 된다.

강사의 몸짓이나 목소리와 억양, 시각 자료의 활용 등 다양한 강의 기법에서 학습자들은 보고 배운다. 자신만의 스타일을 개발하기 위해 강사는 팔색조가 되어야 한다고 강조하고 싶다. 또한 학습자와 동료 강사로부터 받는 피드백은 명강사로 중요한 성장 요소다. 강의 후 설문조사나 개인적인 의견 등을 반영해 자신의 강의를 객관적으로 분석하고 개선할 부분을 찾아야 한다. 피드백을 적극적으로 수용하여 강의 내용을 수정하거나 보완하는 자세가 필요하다. 더불어 명강사는 청중과의 신뢰 관계를 구축하는 데에 노력을 기울여야 한다. 청중들이 편안하게 질문하고 의견을 나눌 수 있는 환경을 조성하는 것은 강의에 대한 적극적인 참여를 끌어내 강사의 영향력을 높일 수 있다. 학습자들과의 유대감을 강화하기 위해서 강의 중 개인적인 경험이나 사례를 적절히 공유하는 것도 방법이다.

이러한 과정에서 강사는 자기 관리를 빼놓을 수 없다. 체계적인 시간 관리와 스트레스 관리는 강의의 질을 높이는 데 필수다. 강사 자신의 건강을 챙기고 여가 시간을 가지며 균형 잡힌 삶을 유지하는 것이 중요하다. 이러한 자기 관리가 이루어질 때, 강사는 더욱 열정적으로 강의에 임할 수 있다. 명강사로 성장하기 위한 여정은 끝이 없는 과정이다. 어쩌면 다람쥐 쳇바퀴 돌 듯 쉼 없이 연마하며 개발해 나가야 한다.

명강사가 되기 위한 여정은 강사 혼자서는 더더욱 어려운 일이다. 연예인만 소속사가 있는 것이 아니다. 강사도 소속사를 가지고 협업하면서 활동해야 더 빠른 성장 가도를 달릴 수 있다. 교육기관에서 강사 개인에게 연락하는 때도 있지만, 대부분은 에이전시를 통해 적합한 강사를 추천받고자 한다. 에이전시를 통해 검증된 강사를 섭외하고 싶기 때문이다.

나 혼자가 아닌 함께 가는 동반자!

박동철

강사는 누구나 명강사가 되기를 원한다. 그렇다고 강사와 명강사의 큰 차이가 있는 것은 아니지만, 강의를 더 잘하여 이름이 알려지면 명강사가 되는 것이다. 그렇다면 내가 명강사로 성장하기 위해서는 어떤 경로를 통해서 가야 하는 건가? 여러 길이 있지만, 올바른 방향으로 나아가는 것이 중요하다. 따라서 명강사가 되기 전에 먼저 강사로서 자질을 갖추어야 할 요소들이 있다. 강의 과목에 대한 전문적인 지식과 많은 경험이 필요하고, 강의에 대한 열정과 활력이 필요하며 청중들의 폭발적인 반응을 끌어낼 수 있어야 한다. 그리고 다양한 방법을 활용하여 흥미를 유발할 수 있어야 하고 일방적이 아닌 청중들이 공감을 가질 수 있도록 분위기를 만들 줄 알아야 한다.

이렇듯 나 자신이 먼저 명강사가 될 준비가 되어 있는지, 또한 부족함이 있을지라도 어느 정도의 자질이 갖추어져 있다면, 명강사의 위치에 오르기 위해서는 누군가와 함께 가는 길이 있어야 한다. 나는 한동안 강의를 많이 하면서도 명강사가 되고 싶은 생각도 없었고, 필요성도 느끼지 못했다. 그리고 혼자서 나름대로 노력은 열심히 하였지만, 생각처럼 쉽지 않았고 강사로서의 보람도 느끼지 못했다. 그러다가 어느 교수님의 권유로 웃음 치료교육을 받게 되었고, 그 후 차츰 훌륭한 교수들과 명강사들을 만나게 되었고, 나 자신의 부족한 점을 메우기 위해서 많은 교육을 수강하게 되었고, 틈나는 대로 더 열심히 연구하게 되었다.

그러다 보니 '국제서비스협회' 명강사를 거쳐서 '한국강사교육진흥원' 명강사 그리고 '한국강사신문' 명강사로 거듭나게 되었고, KBS 〈아침마당〉 방송에 출연하는 계기가 되었다. 또한 내가 현직 회장으로 역임하고 있는 '대한소생협회'에서 주기적으로 강의하고 있었기에 명강사가 되기까지 그리 험난하지 않았던 것 같다. 하지만 누구든지 명강사의 목표는 하루아침에 이루어지지 않는다는 점을 명심해야 한다. 그리고 끊임없는 노력 없이 목표를 이룰 수 없다. 더욱 중요한 것은 혼자가 아닌 다른 명강사와 함께 동반자로 간다면, 지금보다 더 훌륭한 명강사로 성장할 수 있지 않을까 생각한다.

그렇다면, 명강사가 되고 싶은데 어떤 경로를 찾아야 할까? 지금은 명강사를 양성하기 위한 교육원을 어렵지 않게 찾을 수 있으나, 간혹 영리 목적만을 위해서 운영하는 곳도 있고, 훌륭한 명강사를 육성하기 위한 진정성 있는 교육원도 있다. 내가 소속되어 있는 교육원을 소개한 다면 '한국강사교육진흥원'은 훌륭한 강사들을 명강사로 성장시키는 보물창고와 같다. 온라인 비대면 강의뿐만 아니라 직접 강의 경험을 쌓게 하는 '한국강사교육진흥원'은 나 혼자가 아닌, 동반자로서 명강사가 꼭 알아야 할 전문적인 지식과 발표 능력, 강의록 작성법, 스토리텔링, 글쓰기 등 소중하지 않은 교육이 없을 정도다. 더군다나 강의에 직접 참여할 수 있는 기회를 제공해 주고 있어서 명강사로 성장하기 위한 최고의 경로라고 할 수 있다.

심리학 전공자의 명강사 성장기, 청중과 따뜻한 동행

백세영

나의 강의 여정은 대학원 시절로 거슬러 올라간다. 학원에서 학생들을 가르친 경험을 제외하면, 본격적인 강의는 대학원에서 시작되었다. 당시 전문적인 강의를 해본 적은 없었지만, 수업에서 발제나 사례 발표를 자주 맡게 되면서 자연스럽게 강의를 추천받는 일이 많아졌다. 교수님들과 선배들이 칭찬한 점은 내가 전달력이 뛰어나고, 청중의 몰입을 높이기 위해 독창적인 아이디어를 활용한다는 것이었다. 중간중간 유머를 섞어 분위기를 부드럽게 만들고, 처음부터 끝까지 청중의 집중을 유지하는 능력이 특히 높은 평가를 받았다. 그때 성폭력 예방 교육 분야의 한 교수님으로부터 본격적인 강의를 권유받았고, 그 계기로 다양한 기관에서 강의 제안을 받기 시작했다.

명강사로 성장하는 데는 전문 지식과 경험, 그리고 탁월한 강의력이 필수적이라고 생각한다. 나는 심리치료학과 심리 상담학을 전공하며, 인간의 심리적 문제를 이해하고 해결하는 데 필요한 이론과 기술을 체계적으로 배워나갔다. 이 과정에서 인간의 행동, 감정, 그리고 사회적 상호작용에 대한 깊은 이해를 쌓았고, 이는 강의에서 큰 자산이 되었다.

특히 단순한 이론에 머무르지 않고 실제 현장에서 적용할 수 있는 기술들을 익힌 것이 큰 도움이 되었다. 심리 평가와 상담 기술, 치료 기법 등을 학습하고 이를 현장에서 적용해 보면서 전문성을 강화했다. 정신건강의학과에서 전문 심리치료사로 일하며, 심리연구소 소장과 심리상담센터 센터장으로, 또 리더로서 집단 상담을 이끌어본 경험은 나를 더욱 성장시켰다.

이 임상 경험들은 강의에서 실질적인 자원이 되었고, 이론 설명을 넘어 실제 상담 사례와 치료 과정을 공유함으로써 청중에게 깊은 공감을 불러일으켰다. 이러한 경험 덕분에 강사로서의 신뢰도가 높아졌고,

청중과의 소통이 한층 원활해졌다.

이후 환경부, 보건복지부, 법무부, 문화체육관광부 등 다양한 정부 기관 산하에서 강사로 선발되어 본격적인 강의 활동을 시작하게 되었다. 체계적인 교육을 통해 전문성을 더욱 강화하였고, 교육 중에는 우수한 성적으로 우수 강사상을 받는 기쁨도 누렸다. 이러한 경험들은 나의 성장에 큰 밑거름이 되었으며, 강의의 재미와 소통 능력을 더욱 발전시키는 계기가 되었다. 심리학 전공과 임상 경험을 바탕으로 한 나의 전문성 덕분에 내 강의는 단순한 정보 전달을 넘어서 청중에게 실질적인 가치를 제공할 수 있었다.

명강사로 성장하는 길은 단순히 지식을 전달하는 것을 넘어, 청중의 마음을 움직이고 공감을 끌어내는 과정이다. 이 여정에서 체계적인 교육과 공인된 기관에서의 훈련이 얼마나 중요한지를 절감했다. 일정 금액만 지급하면 자격증을 받을 수 있는 민간단체의 비전문적인 교육보다 정부 기관이나 공인된 기관에서 선발되고 체계적인 교육을 받은 후 실무 현장에서 활동하는 경험이 훨씬 중요한 의미가 있다. 이는 청중과 함께하는 강의를 더욱 깊고 감동적인 경험으로 만들기 위한 중요한 과정이기 때문이다.

자기 계발과 교육철학으로
학생 성장을 돕는 것이 명강사의 길이다

배혜숙

명강사로 성장하려면 학생 중심의 교육 철학과 상호작용 능력을 갖추고, 디지털 도구를 활용하여 강의를 지속적으로 개선해야 한다. 또한 자기 계발과 학생 피드백을 반영하는 과정이 중요하며, 열정과 진정성을 바탕으로 학생들의 성장을 지원하는 것이 핵심이다. 이는 단순한 지식 전달을 넘어 학생들에게 진정한 가치를 제공하는 여정이라 할 수 있다. 구체적으로 살펴보면 다음과 같다.

첫째, 명확한 교육 철학을 수립하는 것이 중요하다. 교육 철학은 강사의 수업 방향을 결정하고, 학습자들에게 일관된 메시지를 전달하는 기준이 되기 때문이다.

둘째, 강의 설계와 전달 능력의 향상이다. 강의 설계는 학생들의 학습 목표에 맞춰 구조화된 내용을 제공하는 것이며, 강의의 전달 능력은 그 내용을 효과적으로 전달할 수 있는 기술을 포함한다. 이 두 가지가 적절하게 조화를 이룰 때 학생들은 더 나은 학습 경험을 얻을 수 있다.

셋째, 학생 중심의 교육 방법론을 습득하려는 노력이 필요하다. 이는 학생들의 배경, 수준, 요구에 맞춘 맞춤형 교육을 제공하는 것이다. 이를 통해 학생들과의 소통과 상호작용 능력이 더욱 향상되고, 강의의 몰입도와 학습 효과가 극대화될 수 있다.

넷째, 명강사는 끊임없이 자기 계발과 지속적인 학습에 힘써야 한다. 빠르게 변화하고 있는 교육 환경에 발맞춰서 새로운 교육 이론과 기술을 익히는 것이 중요하다. 이를 통해 강사로서의 개인 브랜드를 구축하고, 명성을 쌓을 수 있다. 특히 다양한 디지털 도구와 기술을 효과적으로 활용하여 교육의 질을 높이는 능력은 제4차 산업혁명 시대인 오늘날 꼭 필요하기 때문에 이를 익힐 필요가 있다.

다섯째, 학생의 피드백을 귀 기울여 듣고, 이를 수업에 반영하는 자세가 필요하다. 피드백은 강의의 질을 개선하는 데 가장 중요한 자료가 된다. 그리고 무엇보다도 강의에 열정과 진심을 담는 것이 명강사로 성장하는 데 핵심 요소이다. 강사의 진심은 학생들에게 고스란히 전달되며, 그들의 동기 부여에 큰 영향을 미친다.

마지막으로, 경험을 통해 배우는 자세를 가져야 한다. 자신이 경험한 성공과 실패를 토대로 더 나은 강의를 만들고, 학생들과의 소통을 통해 더 많은 배움을 얻는 것이 중요하다. 이렇게 명강사로 성장하는 과정은 끊임없는 배움과 성찰, 그리고 실천의 여정이라고 할 수 있다.

브랜드를 붙여서 날자

이형모

지식과 전문성을 넘어서 청중에게 영감을 주고 실질적인 변화를 이끌어내는 것이 진정한 강의의 본질이다. 청중 앞에서 자신감 있게 소통하고, 의미 있고 효율적인 강의를 만들기 위해서는 경험이 필요하다. 이를 위해 명강사의 강의를 청취하고, 지속적인 노력과 연습이 필수적이다. 필요한 모든 자원들을 체계적으로 정리하는 습관을 기르고, 주된 핵심 내용을 명확하고 효과적으로 전달할 수 있는 기법을 반복적으로 연습하여 자신감을 키우는 것이 중요하다.

다양한 강의 기법을 익혀 어떤 상황에서도 자신 있게 강의를 진행할 수 있는 능력을 배양하고, 자신만의 강의 스타일을 개발하는 것도 경쟁력을 높이는 데 기여할 것이다. 명강사로서의 여정은 단 한 번의 강의로 끝나지 않으며, 지속적인 변화와 사회 환경에 맞춰 자신을 발전시키고 최신 정보를 습득하여 강의에 반영해야 한다. 청중과의 연결을 잘 이루는 것도 중요하다. 청중의 관심사와 필요에 맞게 강의를 조정하고, 상호 작용을 통해 청중의 참여를 유도해야 한다. 또한 지속적인 피드백을 통해 자신의 강의를 개선하고 발전시키며, 청중의 의견을 수렴하여 자신의 약점과 강점을 파악하고 이를 개선해 나가는 것이 필수적이다.

명강사로서의 지위를 유지하기 위해서는 끊임없는 노력과 최신 교육 방법론에 대한 이해가 필요하다. 변화하는 시대에 자신을 차별화하고, 사람들에게 영감을 주며 청중에게 내용을 효과적으로 전달할 수 있는 능력을 기르는 것이 중요하다. 언어의 발음, 몸짓 등을 적절히 활용하여 청중의 이해를 돕고 흥미를 유발하며, 강의에 대한 열정과 에너지를 통해 청중에게 자신의 열정을 전달하고 그들의 동기를 부여해야 한다. 강의 내용은 창의적으로 구성하고 다양한 방법을 활용하여 청중의 흥미를 끌어내야 한다.

자기관리를 철저히 하여 건강을 유지하고 자신의 역량을 최대한 발휘할 수 있도록 노력해야 한다. 청중과 소통하여 그들의 요구를 파악하고 이를 강의에 반영하며, 다양한 강의 경험을 통해 자신의 역량을 상승시키고 청중의 반응을 분석하여 강의를 개선해야 한다.

작은 규모의 강의나 세미나부터 시작하여 점차 큰 규모의 강의로 나아가며, 개선하고 많은 경험을 쌓으면 더욱 알차고 유익한 강의를 제공할 수 있을 것이다.

3

효과적인 강의 진행 기술

1

청중의 관심을 끄는 오프닝 기법

**일상생활에서 벗어나
내면의 자의식을 찾는 방법을 모색하는가?**

강혜원

초등학생들의 첫 만남은 성인과는 다소 거리감이 있는 만남을 가져
야 한다. 그들의 생각과 이상적인 풍부한 감수성은 대상을 발견하고 느
낄 수 있는 체험 속에서 미적 감정의 개성을 살려 창의적으로 표현하
는 활동을 존중할 수 있는 분위기를 만들어야 한다. 교육 마술의 가치
와 과학을 이해하고 애호하는 생활 태도를 길러줌으로써 문화 창조에

이바지하는 데 목적이 있다. 결국 어느 곳에 국한된 것이 아니라 더불어 일상의 모든 상황에서 활용이 가능한 '정립된 연출법'이 필요하다고 생각한다. 최근 교육 환경의 변화는 초등학생들의 이해관계가 단순한 듣기와 주의 깊게 듣기의 과정을 통해 소리에 대한 일상적인 개념 형성을 만드는 것을 중요시한다. 이해한 바를 표현하거나, 자신이 가지고 있는 생각을 밖으로 내보내는 것을 의미하며 그 분위기를 형성하고 지각과 식별이 요구되는 구성 요소로 몇 년간 학생들을 가르치며 '나'만의 기법을 소개하고자 한다.

첫째, 창의적인 사고에 가치를 두어야 한다. 내 생각의 틀을 깨고 생각하는 힘을 불러일으켜 자신감 있게 발표하는 분위기를 만든다.

둘째, 사물이나 아이디어를 조작할 수 있는 용기를 갖도록 도와주어야 한다.

셋째, 아이디어를 조직적으로 검토하는 방법을 가르쳐 주어야 한다.

넷째, 고정된 형태를 강요하지 말아야 한다.

다섯째, 창의적인 교실 분위기를 만들어 주어야 한다.

여섯째, 스스로 자신의 창의성을 가치 있게 여기도록 가르쳐 주어야 한다.

일곱째, 친구의 저지 또는 독특함에서 생기는 압박을 피하는 기술을 가르쳐 줘야 한다.

여덟째, 귀찮은 것이지만 끝까지 만들어 낼 수 있게 해야 한다.

아홉째, 스스로 학습할 수 있도록 용기를 북돋아 주고 평가해 주어야 한다.

초등학교 학생들의 질문은 때때로 유치하고 엉뚱하기도 하다. 저학년은 질문이 활발하지만, 고학년에 올라갈수록 수업 중 질문을 어려워하고, 강의 중에 질문을 하는 것이 나의 무지함을 나타낸다고 생각하기도 한다. 그런 분위기를 변화시키기 위해서는 강의자가 질문에 대해 적절하게 반응할 수 있도록 초등학생들에 대한 기준을 대폭 낮추어야 한다. 매번 초등학생들과의 만남에서 그들의 관심과 새로운 표현 방법을 터득하며 교육 생활에 적용함으로 개인 학습의 의욕을 조장하여 조형적 사고력을 확장할 수 있도록 만드는 것이 중요하다.

오프닝은 집중을 위한 시간이다

김수연

강사라면 누구나 자신의 강의를 멋있게 시작하기 위해 다양한 오프닝 기법을 가지고 있거나, 여러 가지 방법을 시도하고 있을 것으로 생각한다. 오늘은 내가 주로 사용하는 오프닝 기법에 관해 이야기해 보려 한다. 강의를 준비하면서 가장 많은 신경을 쓰고, 철저하게 준비하는 부분이 바로 오프닝이다. 오프닝은 청중을 강의에 집중하게 하기 위한 워밍업 시간이다.

첫 번째로, 나는 오프닝을 자신감 있게 시작한다. 카리스마 있는 태도로 시작하게 되면 그 자신감이 내 강의의 질로 연결되고, 청중의 신뢰로 이어진다고 확신한다. 강의의 첫 순간에 자신감을 내비치는 것은 청중의 관심을 끌고, 내가 전달하고자 하는 메시지의 신뢰성을 높여준다.

두 번째로, 청중과의 공감대를 형성하는 데 집중한다. 오프닝에서 청중들과 연결될 수 있는 포인트를 잡으려고 노력하는데, 이때 너무 복잡한 지식이나 용어보다는 누구나 쉽게 공감할 수 있는 이야기로 접근한다. 그래야 청중들과의 공감대가 쉽게 형성되고, 그들은 더 깊이 있는 강의에 몰입할 수 있게 된다.

세 번째로, 청중의 흥미를 유도하는 활동을 포함한다. 나는 오프닝에서 익숙한 요소들을 사용하여 자연스럽게 청중의 흥미를 불러일으킨다. 이 과정은 내가 강의를 시작하기 전에 청중에게 강렬한 첫인상을 남기고, 강의에 대한 호기심을 유도하는 데 매우 중요하다. 오프닝 시간이 나의 강의에 대한 기대감을 높여주는 것이다.

나는 오프닝의 힘을 믿는다. 강의의 성공은 시작과 끝이 좌우한다는 말을 강사라면 누구나 한 번쯤 들어본 이야기이다. 따라서 나는 늘 새로운 오프닝 기법을 시도하며, 제시한 주제를 내 강의 내용에 연결하여 기억에 남는 강의를 만들어가려고 노력한다. 강의는 시작이 중요하다는 믿음이 나를 이끌고 있다. 오프닝을 통해 청중의 집중을 끌어내고, 그들이 나의 이야기에 몰입하도록 만드는 것이 내가 추구하는 목표다.

마음의 웃음 기법

김순화

청중의 관심을 효과적으로 끌어내기 위한 오프닝 기법에는 여러 가지가 존재한다. 첫 번째 방법은 흥미로운 질문을 던져 청중의 호기심을 자극하는 것이다. 예를 들어, "건강하게 살기 위해서는 어떤 방법이 있을까요?"라는 질문은 참석자들에게 깊이 있는 생각을 유도하며 집중력을 높인다.

두 번째로, 스토리텔링 기법을 활용하여 개인적인 경험이나 흥미로운 이야기를 통해 강의를 시작하면 청중이 보다 쉽게 몰입할 수 있다. 이들은 이야기 속에서 공감과 감정을 느끼며 자연스럽게 강의에 끌리게 된다.

세 번째 기법은 놀라운 사실이나 통계를 제시하여 청중의 관심을 사로잡는 것이다. 주제와 관련된 충격적인 사실이나 통계는 청중의 주의를 집중시키는 강력한 도구가 될 수 있다.

네 번째로, 유명인의 인용구나 격언을 사용하여 강의를 시작하면 신뢰감을 높이고 주제를 효과적으로 전달할 수 있다. 이러한 인용구는 청중에게 깊은 인상을 남기며, 강의의 주제를 강화하는 역할을 한다.

다섯 번째 기법은 강의 시작과 함께 시각적인 자료, 즉 사진이나 비디오를 활용하여 청중의 시선을 사로잡는 것이다. 이러한 시각적 요소는 강의의 흥미를 더욱 증대시킬 수 있다. 이와 같은 다양한 기법을 활용하면 청중의 관심을 끌고 강의의 시작을 더욱 흥미롭게 만들 수 있다. 이러한 오프닝 기법을 현실적으로 적용해 보며 많은 것을 느꼈다. 관심을 끄는 오프닝 기법은 남들이 사용하는 방식뿐만 아니라, 자기만의 개성을 담아야 한다는 것을 깨달았다.

스팟이 나의 소개라면, 아이스브레이킹은 다음 수업에 대한 집중력을 높이기 위한 방법이다. 그래서 나는 나의 노래 '김순화'의 주제를 오프닝으로 삼았다. 다양한 안무를 통해 수업에 적합한 제목으로 여러 가지 스팟을 만들어 청중의 관심을 집중시킨다. 아이스브레이킹은 음악과 함께 뇌의 동작을 유도하며, 몸의 지압점을 활용한 다양한 안무로 청중의 참여를 유도한다.

퀴즈 또한 청중의 집중을 유도하는 좋은 방법이지만, 나에게는 다소 맞지 않는 것 같다. 편식의 연구는 어렵지만, 때로는 나도 편식하게 된다. 이러한 고민은 나의 성장에 필요하다. 다른 강사들의 수업에서 내가 결단하고 반영할 수 있는 연구를 통해, 내가 싫어하는 강의 방법 역시 고민해야 한다. 강사로서 자신의 단점을 인식하고 보강하는 것은 매우 중요하다. 이러한 인식이 청중의 관심을 끌어내는 데 큰 도움이 될 것이다.

강의를 시작할 때는 때때로 정문이 아닌 뒷문으로 들어가 강사의 워킹으로 강단에 서는 것도 유효하다. 웃음 가득한 모습으로 청중을 맞이하며, "여러분, 행복하신가요?"라고 물음으로써 소통의 장을 연다. 웃음 속에는 눈물의 웃음, 기쁨의 웃음 등 다양한 감정이 담겨 있지만, 이 강의 시간에는 여러분과 함께 마음의 웃음을 나누고자 한다는 메시지로 청중의 시선을 집중시킨다.

미래의 변화하는 강의 환경 속에서 오프닝 기법 역시 많은 변화를 겪을 것이다. 로봇이나 동물과 함께하는 오프닝, 미술작품이나 노래로 구성된 오프닝 등 새로운 시대의 도구들은 청중의 관심을 끌고 강의를 더욱 흥미롭게 만들어 줄 것이다. 그중에서도 가장 중요한 것은 바로 마음의 웃음이라고 생각한다. 시대가 변해도 마음의 웃음은 청중의 관심을 끌어내며, 인간적인 지식과 지혜의 오프닝 기법으로 자리 잡을 것이다.

풍요로운 오프닝이 그날 강의의 성패를 좌우한다

김현숙

강의를 설계할 때 오프닝을 잘하면 그 강의는 이미 절반은 성공한 것이나 마찬가지라고 말할 정도로 오프닝은 중요하다. 교육 참여자의 마음을 열어야 하므로, 너무 딱딱하거나 심각해지면 오히려 역효과가 나기 때문에 부드럽고 재미있게 진행해야 한다. 재미있게 해야 한다고 해서 그날 강의와 관련 없는 재미만 있다면 오히려 하지 않느니만 못하다.

오프닝은 교육 참여자와의 라포형성과 그날 강의의 본 주제로 자연스럽게 도달할 수 있도록 가교역할을 할 수 있는 활동이 되어야 한다. 여러 회기의 강의라면 다양한 기법으로 여유롭게 시간 할애를 할 수 있지만, 일회성으로 1시간이나 2시간 강의는 간단한 오프닝을 할 수밖에 없다. 여러 회기 강의의 경우, 자기소개 겸 교육 참여자가 서로에 대해 알 수 있는 활동을 하는 것도 좋고, 단 회기의 경우는 짧으면서도 흥미를 유발할 수 있는 활동이 좋다.

다 회기의 경우 몇 가지를 소개하자면, 우선 명패 만들기가 있다. 다양한 색상의 종이를 준비하여 마음에 드는 색상을 고르게 한 후, 4

등분으로 접게 한다. 앞뒷면에 8가지 주제로 자신에 대해 작성한 후 발표하는 방법이다. 또 하나는 36게임이다. 모둠별로 앉아 주사위 2개를 던져 나온 숫자에 따라 미리 정해 놓은 36개의 주제를 가지고 각자 이야기 보따리를 푸는 것이다.

청소년을 교육하는 경우 교육받는 동안 서로 지켜야 할 규칙을 스스로 만들어 보게 하는 것도 좋은 오프닝이 된다. 이것이 어떤 의미가 있는지에 대해서는 3장 '학습자와의 신뢰 구축 방법'에서 자세히 설명하도록 하겠다.

일 회기의 경우는 시간 관계상 간단한 것을 할 수밖에 없으므로 짧지만, 효과적인 방법이 필요하다. 강사 소개와 함께할 수 있는 강사에 대한 퀴즈를 풀어보는 것도 교육 참여자들의 마음을 열 수 있는 방법이 된다. 강사와 관련된 예시를 3~4개 PPT에 띄우고 맞는 것 또는 틀린 것을 찾는 퀴즈인데, 이때 손을 들거나 숫자를 맞추는 것보다는 3~4가지 색종이를 인원수만큼 준비하여 신호등 게임으로 진행하는 것이 모든 사람이 함께 참여할 수 있어서 더 효과적이다.

숫자 마술을 통한 기법도 좋고, 포스트잇으로 이름표 만들기도 흥미로운 활동이 될 수 있다. 다양한 색상과 디자인의 포스트잇을 주고 각자 선택하게 한 후 이름을 써서 붙이게 하는데, 이때 이름표를 강사가 보기 좋게 거꾸로 붙이도록 유도하여 자연스럽게 자기 결정권과 존중에 관해 이야기할 수 있다. 이 활동은 성교육 시 성적 자기 결정권과 경계 존중의 의미를 끌어내기 좋은 활동이 된다.

이러한 오프닝 기법은 청소년이나 발달장애인, 혹은 비장애인 등 대상에 따라 적절하게 사용하는 것이 중요하며, 이와 같은 활동을 통해 강의는 더욱 풍부해진다.

시작이 좋으면 다 좋다

이남희

나는 강의 시작 부분에서 승부가 결정난다고 생각한다. 도입부에서 매끄럽지 않게 시작된 강의는 웬만해서는 회복이 힘들다는 것을 경험했다. 교육에서 오프닝은 매우 중요한 요소이다. 성공적인 오프닝은 효과적인 학습 분위기 조성과 전체 교육 진행에 큰 영향을 미치기 때문이다. 그래서 내가 사용하는 청중의 관심을 끄는 오프닝 기법을 한 번 소개해 보려고 한다.

첫째, 교육생 칭찬하기.

교육을 시작할 때 한 가지 이상 칭찬할 것을 찾아서 참여하는 교육생들 칭찬하면 마음의 문을 열 수 있다. 예를 들어 "오늘 강사 인사드릴 때 이렇게 큰 박수와 호응은 처음 받아보는 것 같습니다. 지금의 이 행복한 기운을 강의에도 잘 전해지도록 하겠습니다."같이 교육생들에게 긍정적인 감정으로 교육을 진행하면 교육의 집중도를 높일 수 있다.

둘째, 인용하기.

강의 주제와 연결된 최근 뉴스나 이슈로 시작하며 정확한 정보전달과 교육의 필요성을 알게 할 수 있다. 속담이나 사자성어, 유명인의 명언 등을 인용하여 강의에 대한 신뢰도를 높일 수 있다.

셋째, 이미지와 키워드로 질문하기.

"앞에 보이는 이미지는 무엇을 이야기하는 것인가요?", "앞에 보이는 이미지를 보고 어떤 생각이 드시나요? 어떤 단어가 떠오르시나요?" 등 이미지로 강의의 참여도를 높이고 교육 내용을 이미지로 충격 있게 각인 되어 오랜 기억으로 남는 효과가 있다.

넷째, 퀴즈와 게임으로 시작하기.

퀴즈나 게임은 모든 교육에 꼭 필요한 요소이다. 퀴즈 형식의 오프닝은 서먹서먹하고 얼어붙은 강의장의 분위기를 부드럽게 해줄 수 있다. 강사 소개, 강의 주제 등을 퀴즈를 통해 재미 요소와 함께 퀴즈를 맞힌 교육생에게 물질적 보상을 통해 교육생들의 적극성을 높일 수 있다.

청중의 공통점을 모아라

이형모

대화를 시작할 때, 상대방과의 첫 이미지를 형성하는 것이 매우 중요하다. 이는 효과적인 전략을 세우는 데 필수적이며, 대본에서 오프닝은 가장 핵심적인 부분이다. 영화에서처럼, 놀라움과 재미는 첫 장면에서 시작된다. 따라서 강의의 전개 방향을 설정할 때 시작 방법이 매우 중요하다.

청중의 호기심을 자극하기 위해 놀라운 사실이나 흥미로운 통계 자료를 제시할 수 있다. 또한 청중에게 질문을 던져 그들이 스스로 생각하게 함으로써 호기심을 유도할 수 있다. 흥미로운 이야기를 통해 논란의 여지가 있는 주제를 제시하고, 이를 바탕으로 청중 간의 토론을 이끌어내는 것도 좋은 방법이다. 이 과정에서 청중의 취미, 관심사, 직업 등 공통점을 찾아 대화를 시작할 수 있으며, 그들의 관심사나 열정을 전달하는 것이 중요하다. 진심 어린 칭찬은 긍정적인 이미지를 형성하는 데 큰 도움이 된다.

시각적 자료인 사진이나 영상을 활용하거나, 떼창과 같은 노래를 통해 청중의 집중을 유도할 수 있다. 퍼즐, 게임, 손 유희 등을 통해 참여도를 높이고, 미스터리한 요소나 비밀을 암시하여 청중의 흥미를 자극할 수 있다. 또한 개인적인 경험이나 일화를 공유함으로써 청중의 호기심을 끌어낼 수 있다.

우리 인생에도 적절한 시기가 있듯이, 오프닝에서도 강조하고자 하는 것은 바로 '시간'이다. 특정 순간이나 시간을 통해 청중이 지금 어떤 행동을 해야 할 시기임을 자연스럽게 유도해야 한다. 이와 함께 '지금 무엇이든 시작하라'는 핵심 메시지를 강조하고, 첫마디를 매혹적으로 전달하는 것이 마무리까지 순조롭게 진행하는 지름길이다.

'오프닝'이라는 단어는 좋은 기회를 의미한다. 강사가 자신을 어떻게 포지셔닝하느냐에 따라, 비웃음거리가 될 수도, 가치 있는 기회로 발전할 수도 있다. 주제와 관련된 질문을 던져 청중이 직접 또는 간접적으로 참여하도록 유도하면서 호기심을 자극하는 것이 중요하다. 이때 질문은 주제와 얼마나 관련이 있는지가 관건이며, 청중이 쉽게 대답할 수 있는 질문을 하는 것이 좋다.

공감은 타인의 감정이나 의견에 대해 자신도 그렇다고 느끼는 것이다. 이러한 공감대를 형성하기 위해 경험담, 조언, 명언, 논문, 신문 기사, 속담, 고사성어 등을 인용하면 문제 해결을 위한 효과적인 방법이 될 것이다.

2

여운이 남는 마무리 기법

**여운이 남는 마무리는
강의의 성공을 결정짓는 중요한 요소다**

김순복

강의의 마무리는 청중에게 깊은 인상을 남기는 중요한 순간이다. 효과적인 마무리는 강의의 전체 내용이 자연스럽게 정리될 뿐만 아니라, 청중의 마음에 여운을 남겨 다음에 대한 기대감을 증대시킨다. 강의 마무리가 좋아야 학습자들의 전체적인 만족도가 좋아지며 그들의 행복한 뒷모습을 볼 수 있다.

먼저, 강의를 마무리할 때 핵심 주제와 메시지를 다시 강조하는 것이 중요하다. 청중이 강의에서 가장 기억해야 할 포인트를 명확히 전달하면 그 내용이 더욱 뚜렷하게 각인된다. 여기서 중요한 것은 먼저 팀별로 청중이 오늘 배운 것을 요약 발표해 볼 수 있도록 한다. 앞 팀에서 발표한 내용을 반복 발표는 피하도록 한다. 그리고 강사가 강의의 핵심을 명확히 이해할 수 있도록 포인트를 재강조하는 방식의 마무리를 추천한다.

청중과의 감정적 연결을 강화하는 것도 여운을 남기는 중요한 요소다. 강의의 마지막에 강의와 관련된 개인적인 이야기나 감동적인 사례를 공유하면 청중은 강사와의 정서적 유대감을 느끼게 된다. 이러한 감정적 요소는 강의 내용을 더 깊이 있게 기억하게 만드는 효과가 있으며, 청중의 마음에 강한 인상을 남길 수 있다.

마무리 단계에서 청중에게 강의에서 배운 내용을 실제로 적용할 수 있도록 동기를 부여하는 것이 중요하다. "오늘 배운 내용을 지금부터 바로 실천해 보세요."라는 간단한 요청이 청중에게 강한 인상을 남길 수 있다. 이는 그들이 강의 내용을 기억하고, 실제 생활에 적용할 수 있도록 돕는 중요한 방법이다. 청중이 강의 후에도 배운 것을 행동으로 이어지도록 유도하는 것이 강사의 역할 중 하나다.

또한 청중들끼리의 유대관계를 형성할 수 있도록 하는 방법도 여운이 남는 마무리 기법이다. 주로 털실을 이용해 서로의 연결고리를 만들며, 배운 것을 마무리하는 기법으로 활용한다. 털실이 감길 때는 학습자들끼리 서로 인사할 방법으로 진행하면 만족도가 매우 높다.

마무리 기법에서 종이비행기를 활용하기도 한다. 그때그때 강의 내용에 따라 비행기에 적는 내용은 다르지만, 교육 후의 나의 각오와 교육 후기 등을 적어 과녁을 향해 날리는 방법도 여운이 남는 마무리 기법의 하나다. 이때 다 함께 여운이 남는 말로 다짐하면서 하나, 둘, 셋을 외치며 한꺼번에 종이비행기가 날아가는 모습은 장관을 이룬다.

마지막으로, 강렬한 마무리 인사는 청중의 기억에 오래 남는다. 강의의 분위기와 어울리는 강렬한 인사말이나 인용구를 사용하면, 강의의 여운을 더욱 깊게 할 수 있다. 동기부여 강의라면 "우리는 모두 변화할 수 있습니다. 지금부터 그 변화를 시작해 보세요."와 같은 메시지는 청중에게 강한 동기부여가 되며, 강의의 끝을 인상적으로 마무리할 수 있다. 또한 '행복의 저울'이라는 메시지로 1%의 행복의 중요성을 강조하며 다 함께 손잡고 '행복해요'의 노래를 부르며 마무리하기도 한다. 강렬한 마무리는 청중이 강의를 떠올릴 때마다 기억하게 되는 중요한 요소다.

여운이 남는 마무리는 강의의 성공을 결정짓는 중요한 요소다. 여러 마무리 기법 중 적절한 방법을 선택해 훌륭한 마무리로 강의의 가치를 높여, 청중과의 관계 형성과 교육의 효과성을 극대화하길 바란다.

무엇인가 창조될 수 있는 연구와 과제

김순화

수업을 진행할 때, 마무리 시간을 철저히 지키는 것이 중요하다. 열정적으로 수업을 진행하다 보면 학생들이 힘들고 지루함을 느끼지 않도록 해야 한다. 그러나 과거에 경험했던 열정적인 선생님의 장시간 강의는 나에게 큰 스트레스를 주었던 기억이 있다. 그래서 나는 수업 시간을 철저히 준수하려고 노력한다. 물론, 수업의 내용 또한 충실해야 한다.

마무리 기법의 핵심은 학생들이 오늘 수업의 주제를 명확히 이해하고, 다음 수업에 대한 기대감을 갖게 만드는 것이다. 학생들이 수업 내용에 만족하면, 나에게 직접 찾아와 "교수님, 정말 감사합니다. 어디서 이런 에너지가 나오나요? 다음 수업이 기다려집니다."라는 말을 남긴다. 이 순간이 가장 행복하다. 내 수업이 인정받는다는 것에 감사하며, 그 학생들은 언제나 옆에서 나를 지지해 준다.

강의를 하고자 하는 이들이 많지만, 시대의 흐름에 따라 학생들을 모집하는 것은 점점 더 어려워지고 있다. 이러한 시대 속에서 여운을 남기는 수업 마무리는 지식과 강사, 학생 간의 마음의 대화라고 생각한다. 학생들을 이해하고, 그들의 미래 꿈을 위한 지식의 대화 속에서 창의성이 살아나며, 여운이 남는 수업이 이루어진다. 이는 다음 수업으로의 연장선이 되고, 인간미 넘치는 대화와 토론이 이어져 끝없는 강의의 연속이 된다.

여운이 남는 마무리 기법은 학생들이 오늘 배운 내용을 직접 실천하고 느낄 수 있도록 돕는 행동 기억 기법이다. 각 학생들은 자신만의 스타일로 기억을 형성하며, 이것은 새로운 아이디어의 원천이 된다. 수업의 내용이 뇌를 스쳐 지나갈 때, 다른 방식의 창의적 연구가 이루어진다면, 그것은 최고의 여운이 남는 마무리 기법일 것이다. 수업의 서론, 본론, 결론은 다음 수업으로 연장된다. 유튜브와 챗봇 등 다양한 지식의 접촉 속에서 학생들이 수업을 듣게 만드는 것이 중요하다.

오늘날 다양한 도구를 활용하여 여러 가지 방법으로 수업을 마무리하는 시대가 도래하였다. 여운이 남는 기법은 학생들이 미래의 취업에 필요한 능력을 지속적으로 개발하도록 돕는다. 학생들이 무엇을 필요로 하는지를 파악하고 그에 맞춰 개발하는 것이 중요하다. 잊히지 않으며 무엇인가 발전되고 창조되는 과정이 바로 학생들의 꿈과 직업에 필요한 강의가 되며, 이는 여운이 남는 마무리 기법이자 미래의 시작 기법이라고 생각한다.

대학교 시절의 여운이 남는 수업은 지금도 나에게 깊은 인상을 남기고 있다. 특히 몸의 움직임과 관련된 여운은 평생 함께할 것이다. 수업 중 몸의 움직임으로 모든 것을 기억하며, 뇌의 기억은 여운의 원천이 된다. 정신을 집중하며 머릿속에서 기억의 춤을 추는 경험은 지식의 학습을 몸속의 운동으로 기억하게 한다. 나이가 들수록 여운을 남기기 위한 수업에서는 몸을 움직이며 도구를 활용하는 것이 필수적이다. 그래야만 그 기억들이 오래 지속된다. 큰 소리로 읽고 몸으로 방향을 가리키는 도구의 활용을 잊지 말아야 한다. 여운이 남는 마무리 기법은 세월이 흘러도 기억할 수 있는 몸의 재료라고 기억하면 된다.

마무리를 잘해야 성공적인 강의!

김현숙

강의는 물 흐르듯 기승전결이 매끄럽게 이어져 교육 참여자들이 자신도 모르게 어느덧 목적지에 닿았다는 느낌을 주어야 한다. 기승전까지는 잘 왔는데 마지막 마무리가 매끄럽지 못하다면 성공적인 강의가 될 수 없다. 혹시 기승전에서 조금 실수하거나 매끄럽지 못했다고 하더라도 마무리를 훈훈하게 잘하면 만회할 수 있으므로, 마지막 마무리는 매우 중요하다.

그렇다면 성공적인 마무리 기법들은 어떤 것들이 있을까? 가장 보편적인 방법은 동영상으로 마무리하는 것이다. 강의 주제와 잘 어울리는 감동적인 동영상을 보고 마음에 촉촉함을 주는 방법이다. 대상에 맞는 시기적절한 동영상을 준비하는 것은 필수적인데, 많은 동영상이 계속 새롭게 나오고 있어 자주 찾아보고 SNS 등에서 발견된 좋은 동영상을 참고하면 많은 도움이 된다.

다음은 주로 초·중등 학생에게 많이 사용하는 방법이다. 강사가 마무리하며 주고 싶은 메시지를 색종이에 쓰게 한 후 배를 접어 물에 띄우는 활동이다. 강사가 양푼을 들고 가야 하는 번거로움이 있지만, 끝나고 나면 꽤 인상에 남는다. 혹은 배 띄우기와 같은 내용으로 비행기를 접어 날리거나, 풍선을 불어 풍선에 메시지를 적은 후 날리는 방법도 추천할 만한데, 이 방법은 청소년, 성인 등 모두에게 적합하다. 다섯 글자로 짧은 소감을 이야기하는 것도 좋은데, 이는 시간이 촉박하거나 긴 소감문을 쓰기 부담스러워할 경우 효과적이다.

마무리는 교육 참여자들의 가슴에 뭉클하게 무엇인가 느끼게 하는 것이 매우 중요하므로, 각각의 활동을 그 주제에 맞게 잘 정리하여 감동을 줄 수 있도록 연습이 필요하다.

예전 양육자 교육 때 마무리 동영상을 본 적이 있는데, 그때 한 어머니가 눈물을 계속 흘렸다. 강의가 끝난 후 나에게 "너무 큰 울림이 있었다."라며 고맙다는 인사와 함께 "앞으로 자녀의 의견을 존중하겠다."라고 약속하고 가신 분이 계셨다. 그때 울컥함과 동시에 뿌듯한 느낌으로 마무리하고 돌아왔던 기억이 있다.

강의를 마칠 때 여운을 남기는 맺음말

박동철

열정적으로 강의를 하다 보면 후반부에는 조금 느슨해져서 마무리를 제대로 마치지 못하고 강의를 끝내는 경우가 간혹 있을 수 있다. 돌아서서 뒤늦게 후회할 때면 이미 청중은 일어나서 화장실로 가고 있을 것이다. 아니면 간단하게 "감사합니다.", "수고했습니다."라며 짧게 마치고 주섬주섬 챙겨서 나올 때도 있을 것이다. 뭔가 느낌이 허전함을 지울 수 없는 마음이 생긴다면, 그것은 맺음말을 제대로 하지 못했다는 증거다. 또한 끝나기 전에 이 말은 꼭 해야지 해놓고 청중들의 질문을 받거나 시간의 구애를 받다 보면 그냥 마치는 경우도 가끔 있다.

한 예로 나는 안양에 있는 대학교 학생들을 대상으로 강의하였는데, 학생들의 질문에 열정적으로 답변하다 보니, 시간이 촉박하게 되었고, 얼떨결에 "수고했어요."라며 강의실을 나온 적이 있었다. 이처럼 맺음말을 놓치게 되면. 아쉬움이 오랫동안 남게 된다. 그 이후로는 맺음말을 놓치지 않기 위해서 중간에 시간을 점검하면서 강의하고 있다.

그렇다면 어떻게 해야 오랫동안 여운이 남는 맺음말이 될까? 무조건 큰소리로 강조한다고 되는 것은 아니다. 오프닝부터 강의 내용이 훌륭했다고 해도 마무리가 지루하거나 여운이 없다면, 전반적인 강의 평가가 좋지 않을 수도 있다. 일상적인 설명보다는 청중들에게 감동을 주고 오랜 시간 기억되고, 청중과 공감할 수 있는 여운이 남는 설명을 해야 한다. 그리고 강의 주제와 관련된 새로운 생각과 행동의 지향적인 변화를 줄 수 있어야 한다. 그렇다면, 여운이 묻어나는 구체적인 맺음말은 무엇이 있을까? "강의 재미가 있었습니까? 여기서 이만 마치도록 하겠습니다."라는 말은 좀 구식이라 할 수 있다. 청중에게 감동을 줄 수 있는 여운이 남을 수 있는 느낌이어야 한다.

나는 1년여 전에 유명한 강사분들을 초빙해서 구조대원들 40여 명을 대상으로 함께 강의를 들어본 적이 있다. S 강사는 오프닝부터 화려한 대화법으로 청중을 사로잡는 흥미 가득한 강의를 하였고, 그다음에 K 강사는 조용한 목소리로 핵심을 콕콕 찍어서 대원들의 잔잔한 흥미를 유발하였다. 그리고 강의가 끝날 무렵에 K 강사의 마지막 맺음말은 "이 세상에서 가장 멋진 새는?"이라며, 질문을 던졌다. 잠시 침묵이 흐르면서 모두가 생각하는 시간이 필요했다. 원앙새 아니면 공작새 아닐까? 정답은 "날새", "널새", "우릴새" 였다. 당시에 다들 그냥 아무 생각 없이 웃었지만, 나! 너! 우리! 강사와 청중을 함께 묶어서 '우리'라고 표현한 이 설명은 아직도 오랫동안 기억에 남아 있다.

그리고 그날, 교육 일정이 모두 끝나고 설문조사를 하였는데, K 강사가 압도적으로 '은은하면서도 가슴에 여운이 남아 있는 강의였다.'고 대다수가 대답하였다. 이처럼 강의 내용 속에 숨어있는 핵심적인 단어를 맺음말로 연결한다면, 여운이 남는 최고의 마무리 기법이라 할 수 있다.

생각할 거리를 남기며 배움의 여정을 이어가는 마무리의 기술
백세영

강의는 도입, 본론, 그리고 정리 단계로 자연스럽게 흘러가지만, 그 강의를 오래 기억하게 만드는 진정한 핵심은 바로 마지막 마무리에 있다. 도입에서는 강의의 목적과 목표를 제시해 청중의 관심을 끌고, 본론에서는 핵심 개념들을 체계적으로 설명하여 청중이 내용을 깊이 이해할 수 있도록 돕는다. 그리고 정리 단계에서는 배운 내용을 간결하게 요약해 중요한 논점들을 다시 한번 상기시킨다. 그러나 이 모든 단계를 완성하고, 청중의 기억 속에 강의를 깊게 남기는 것은 바로 마지막 순간, 즉 마무리이다. 마무리를 어떻게 짓느냐에 따라 강의 여운이 달라지고, 청중에게 주는 인상이 오래 남게 된다.

강의의 마지막을 여운 있게 맺는 것은 단순한 형식적인 끝맺음이 아니라 청중에게 감동과 생각할 거리를 남겨 그들의 마음속에 오래도록 남게 하는 중요한 순간이다. 핵심 내용을 정리하면서 배운 내용이 청중의 실생활이나 앞으로의 학습에 어떻게 연결될지 짚어주는 것이 중요하다. 예를 들어, "오늘 배운 내용을 여러분의 일상에 어떻게 적용할 수 있을까요?"라는 질문을 던지면, 청중은 스스로 배운 내용을 되새기고 그것이 자신의 삶에 어떤 변화를 불러올지 생각하게 된다. 이는 청중의 삶에 직접적으로 스며들게 하는 효과가 있다.

또 다른 강력한 마무리 방법은 다음 강의에 대한 기대감을 심어주는 것이다. 예를 들어, "다음 강의에서는 오늘 배운 개념이 어떻게 확장되고, 더 흥미로운 사실들이 우리를 기다리고 있는지 알아보겠습니다."라는 말을 통해 다음 학습에 대한 궁금증을 자극하면 청중은 자연스럽게 다음 강의에 대한 기대를 하게 된다. 이는 학습의 연속성을 이어가는 데 매우 효과적인 방법으로 청중의 호기심을 자극하고 더 많은 것을 배우고 싶어 하는 마음을 불러일으킨다.

또한 짧고 인상적인 이야기나 명언을 통해 강의의 끝을 감동적으로 마무리할 수 있다. 예를 들어, "아인슈타인은 '배움은 경험에서 시작된다.'라고 말했습니다. 오늘의 강의가 여러분에게 새로운 경험이 되었기를 바랍니다."라는 말은 청중에게 깊은 인상을 남기며 강의를 마무리하는 데 큰 힘이 된다. 단순히 정보를 전달하는 것이 아니라, 그 정보가 청중의 일상과 연결되도록 하고, 그들이 느낄 수 있는 감동을 주는 것이다. 짧은 이야기나 명언을 통해 감정적으로도 청중과 연결된다면, 그 강의는 더욱 오래 기억될 것이다.

강의의 마무리는 단순한 끝맺음이 아니다. 그것은 청중에게 배운 내용을 다시금 상기시키고, 그 내용을 더 깊이 탐구할 동기를 부여하는 중요한 순간이다. 그들이 강의실을 떠난 후에도 배움의 여운이 계속 이어지도록 만드는 마무리는 그 자체로 큰 힘을 가지고 있으며, 이 힘은 청중의 마음속에 오래도록 남을 것이다.

이처럼 강의의 마지막 순간은 강사의 마지막 기회이기도 하다. 청중에게 깊은 인상을 남기고, 그들이 배운 내용을 마음속에 새겨놓게 할 수 있는 결정적인 순간인 것이다. 강의를 통해 청중과의 소통을 더욱 깊게 만들고, 그들과 함께 배움의 여정을 지속하는 것이야말로 강의의 진정한 목적일 것이다.

여운이 남는 마무리 기법

이남희

여운이 남는 마무리를 통해 지금까지 교육한 내용을 오래 기억하고 학습자들이 삶 속에서 실천하게 한다.

첫째, 핵심 메시지의 숫자를 사용하여 요약하기.

'지금까지 내용을 3가지로 요약하겠습니다.'처럼 수업 핵심을 간단명료하게 정리하여 오래 기억하도록 한다. 짧고 강렬한 표현은 학습자들에게 쉽게 기억되며, 강의 후 다시 회상하기에 좋다.

둘째, 명언이나 인용구 사용하기.

강의 주제와 관련된 도서의 한 부분을 인용하거나 잘 알려진 인물의 감동적인 명언은 그 자체로 신뢰를 주며, 주제에 대한 권위를 부여한다.

셋째, 흥미로운 스토리텔링 마무리하기.

감동적이거나 흥미로운 이야기 또는 강사의 직접적, 간접적 경험을 이야기식으로 전달하여 교육의 주제를 다시 한번 기억되게 한다.

넷째, 질문하기.

이번 교육을 통해 새롭게 인식되거나 알게 된 점, 유익한 점 등 교육생들에게 직접 질문하여 스스로 교육 내용을 생각하게 하고 변화된 생각과 행동으로 나가도록 강사는 답변으로 응원할 수 있다. 이런 질문을 특히 보조 교보재(포스트잇, 이미지 카드 등)를 활용하여 시각화하며 공유하는 방법도 좋다.

다섯째, 행동 계획 작성하기.

교육생에게 강의 내용을 바탕으로 자신의 행동 계획을 작성하도록 하여 개인의 목표를 세우는 시간과 실천 의지를 다지게 한다.

여섯째, 정중한 감사 인사하기.

함께 경청해 준 교육생에게 특히 교육생 중 직접 참여자나 발표자에게 더욱 감사하다는 말로 교육생에게 감사 인사를 한다. 그러면 참여자에게 강사가 기억에 오래 남고, 좋은 관계를 유지하는 데 도움이 된다.

3

청중의 집중력 향상을 위한 방법

**진정성 있는 전달과 경청의 태도가
몰입의 즐거움으로 이끈다**

김성희

 강의는 청중이 관심을 가지는 주제를 선택하는 데에서 시작된다. 지정된 주제의 강의가 의뢰된 경우라 하더라도 강의의 핵심 주제를 선정하는 일은 강사의 몫이다. 강사는 청중이 강의에 집중하기를 원한다면 이 첫 단계부터 섬세하고 신중하게 접근해야 한다. 관심 있는 주제에 흥미를 느낀 청중이 자발적으로 강의장에 입장하는 모습을 상상해 보

라. 강사의 에너지도 충만해질 것이다. 강의 시작 부분에서는 강의 주제와 내용에 대해 간결하고도 명확한 청사진을 제공하는 것이 좋다. 그 세부적인 내용이 궁금하도록 목차의 문구를 정하는 것이 중요한데 이를 통해 강의에서 무엇을 할 것인지에 대한 기대와 호기심을 갖도록 할 수 있다. 강의 초반 집중력을 유지시키는 강력한 요소다.

강의는 의사소통의 과정이기도 하다. 강의의 목적과 목표와 관련하여 명확한 의도를 가지며 전달하려는 메시지가 있는 것이다. 그러기 위해서 강사는 강의 내용에 대한 지식과 전문성을 갖추고 있어야 하며 그 내용을 가장 잘 이해하고 있어야 한다. 또 적절한 비유와 예시를 효과적으로 사용하여 쉽게 이해하고 '아하'의 순간을 만들어 내야 한다. 이것이 충족되었을 때 청중은 강의와 강의자에 대해 신뢰하고 청중 스스로 집중과 주의를 기울이게 될 것이다.

하지만 강사가 강의 주제에 대해 뛰어난 지식과 전문성을 가진다고 하더라도 청중에 대한 고려가 없으면 청중을 강의에 집중하도록 할 수 없다. 청중의 수준과 욕구를 고려하고 청중의 정서를 파악하고 분위기를 이끌어야 한다.

청중의 언어적, 비언어적 표현, 예컨대 몸짓 언어와 표정 언어를 읽어낼 수 있어야 한다. 세심한 관찰과 즉각적으로 반영하여 말과 단어를 선택하여 사용하는 것이 중요하다. 되도록 강의 중에 청중 한 사람 한 사람과 눈 맞춤을 하며 내용을 전달하거나 적절하게 위치를 이동하며 공간을 활용할 때 청중은 강사에게 더 집중하게 된다.

강사의 말하기 능력은 매우 중요하다. 간결하면서도 구체적으로 표현하여 어려운 내용이라 하더라도 쉽게 이해하도록 전달하는 것이 강사가 갖추어야 할 능력이며, 청중의 집중력 유지를 위한 가장 중요한 요소다. 강사는 자신감 있는 태도와 함께 톤과 목소리가 안정적이어야 청중이 신뢰감을 가지고 집중할 수 있다. 단어의 리듬감을 살리면서 중요한 부분은 조금 느리게 덜 중요한 부분은 다소 빠르게 청중의 집중력을 더욱 높일 것이다.

시청각 자료나 적절한 프리젠테이션 활용은 강의 내용을 효과적으로 전달하며 집중을 돕는다. 그러나 과도한 자료 사용이나 무분별한 폰트, 색상 및 효과가 사용된 프리젠테이션은 오히려 집중에 방해가 될 수 있다. 오히려 단순함이 강사를 더욱 전문가답게 보이게 할 것이다.

청중이 직접 참여하는 강의는 청중의 자발성을 고취해 더욱 강의에 몰입할 수 있는 효과적인 방법이다. 강의에 역동성이 생기는 순간이며 강사와 청중이 하나 되는 협력자의 관계가 된다. 이 과정에서 강사의 진정성 있는 감정 전달과 열정은 청중 집중력의 구심점이 될 것이다.

목소리에 변화를 주자

김수연

강사라면 누구나 청중이 자신의 강의에 집중해 주기를 간절히 바라는 마음이 있을 것이다. 나 역시 마찬가지로, 청중의 집중력을 향상하기 위해 깊은 고민을 거듭하며 여러 방법을 찾아보았다. 청중의 강의에 대한 집중력은 강의의 효과성을 높이는 데 매우 중요한 요소이기 때문이다. 집중력이 높아질수록 청중은 강의 내용을 더욱 잘 이해하고 기억하게 되며, 이는 곧 강의에 대한 만족도로 이어진다.

따라서 나는 청중의 집중력을 향상하기 위한 다양한 방법을 강의 중에 활용한다. 눈 맞춤을 통해 직접적인 소통을 시도하고, 손뼉을 치게 하여 몸을 움직이게 하며, 소리 내어 강의 자료를 읽어보게 하는 등의 방법을 통해 집중력을 높이려 한다. 이러한 노력이 청중의 참여를 유도하고, 그들의 주의를 끌어내는 데 큰 도움이 된다.

특히 강의 주제를 선정할 때는 청중들의 집중력을 고려하여 메시지를 효과적으로 전달하기 위해 내 발음과 목소리에 많은 신경을 쓴다. 무미건조한 톤으로 강의를 진행한다면, 청중이 나의 강의에 집중할 수 있을까? 나는 확신한다. 그러므로 목소리에 변화를 주는 것이 필요하다.

동일한 톤으로 강의를 진행하면 청중은 쉽게 지루함을 느낄 수 있다.

우리가 노래를 부를 때 느끼는 즐거움처럼, 나의 목소리에도 높낮이와 리듬을 살려야 한다. 강의 내용을 의미 단위로 나누어 전달하며, 생동감 있는 음색을 유지하려고 노력한다. 이러한 방식으로 강의하면, 어느새 청중들이 내 강의에 집중하고 있다는 것을 자주 느끼곤 한다.

결국 청중의 집중력을 높이기 위한 여러 방법이 존재하지만, 나는 무엇보다도 내 목소리에 가장 많은 신경을 쓰며 강의한다. 목소리의 변화는 강의의 생명력이며, 청중이 나의 메시지를 효과적으로 받아들이도록 하는 중요한 열쇠가 된다. 따라서 강사로서 나의 목표는 단순히 지식을 전달하는 것이 아니라, 청중이 나의 목소리를 통해 강의의 깊이를 느끼고, 진정으로 몰입할 수 있도록 만드는 것이다.

청중이 있기에 강사인 오늘의 내가 있다

김순복

강의 중 청중의 집중력을 높이는 것은 강사의 중요한 과제다. 청중을 강의에 몰입하게 만들기 위해서는 다양한 기술과 전략이 필요하며, 이를 통해 교육의 효과성을 극대화할 수 있다.

첫째, 강의의 오프닝은 청중의 집중력을 끌어내는 데 결정적인 역할을 한다. 강의의 도입부는 청중이 강의에 몰입하도록 유도하는 첫걸음이며, 강사의 메시지를 보다 효과적으로 전달하는 기초가 된다. 강의 주제와 맞는 다양한 오프닝 기법을 개발해 적용할 줄 알아야 한다.

또한 시각 자료의 활용은 정보 전달의 효과를 높이고 청중의 주의를 끌어내는 데 매우 유용하다. 슬라이드, 이미지, 동영상 등을 적절히 활용하여 강의 내용을 시각적으로 표현하면 이해도를 높일 수 있다. 강의 교안은 강사의 강의를 설득력 있게 뒷받침해야 하고 청중의 시선이 충돌되지 않도록 해야 한다. 적절한 비주얼 요소 활용은 강의 내용이 청중의 기억에 남도록 도와준다. 시각 자료를 활용해 정보를 더욱 직관적으로 전달함으로써, 학습자는 내용을 쉽게 이해할 수 있다.

청중과의 상호작용 유도 또한 집중력을 유지하는 데 효과적이다. 강의 중에 그룹별로 토론을 유도하거나 그룹별로 임무를 제시해 활동할 수 있게 하면 청중이 강의에 적극적으로 참여하게 된다. 또한 게이미피케이션 등으로 경쟁력을 부추기는 방법이 효과적이다. 이러한 방식의 상호작용은 청중의 흥미를 지속적으로 유지하며, 강사의 진행 방식에 대한 신뢰를 높일 수 있다.

긴 강의는 청중의 집중력을 떨어뜨릴 수 있기 때문에, 강의를 되도록 짧은 세션으로 나누고 재미있게 진행하는 것이 중요하다. 오후 시간

대의 긴 강의에서는 휴식 시간을 갖고 다음 강의를 시작할 때 페퍼민트 오일을 활용해 피로를 풀어주며 집중도를 올리기도 한다. 또한 분위기를 전환시키기 위해 쉬는 시간에 미리 준비해 간 겉옷을 갈아입기도 한다. 강사는 시간을 짜임새 있게 활용해 가며 강의 분위기를 다양한 방법으로 주도해 가야 한다.

이야기 기법 활용도 청중의 관심을 끌고 감정을 자극하는 강력한 도구다. 강의 중 실제 사례나 개인적인 경험을 이야기 형식으로 전달하면 청중의 감정을 자극하고, 강의 내용에 대한 관심도를 높일 수 있다. 이야기는 청중과의 정서적 연결을 강화하는 데도 효과적이다. 강사는 자신의 경험을 바탕으로 이야기를 전개함으로써, 청중과의 유대감을 더욱 깊게 할 수 있다.

마지막으로, 강의의 목표를 명확히 하고 시작 부분에서 분명히 설명하면 청중이 무엇을 기대해야 하는지 알게 되어 보다 적극적으로 참여하게 된다. 이러한 목표 설정은 강의의 방향성을 제시하고, 청중 자신이 무엇을 배우고 있는지 명확히 인식하게 만든다.

이렇게 청중의 집중력을 향상하게 하는 것은 효과적인 강의를 위해 반드시 고려해야 할 요소다. 마음을 여는 흥미로운 오프닝, 시각 자료의 활용, 상호작용 유도, 경쟁 심리 부추기기, 짧은 세션과 분위기 전환, 이야기 기법, 명확한 목표 설정 등 다양한 방법을 통해 청중의 관심과 참여를 유도할 수 있다. 강사는 이러한 전략을 통해 강의의 질을 높이고, 청중이 기억할 수 있는 여운이 남는 강의를 만들어 나가야 한다. 청중이 있기에 강사인 오늘의 내가 있다는 것을 명심하자.

중력처럼 청중을 사로잡는 강의의 예술

백세영

강의에서 청중의 집중력을 사로잡는 것은 강사의 중요한 임무이다. 청중이 집중하지 못하면 강의의 핵심 메시지는 흐려지고, 중요한 내용을 놓치거나 잘못 전달될 수 있다. 그 결과 학습 효과는 당연히 떨어지게 된다. 반대로 청중이 강의에 몰입하면, 그들이 배운 내용을 기억하고 실제로 적용할 확률이 높아진다. 그렇다면, 어떻게 하면 청중의 집중력을 끌어올릴 수 있을까? 몇 가지 유용한 팁을 소개하고자 한다.

첫째, 강의를 구조화해서 흐름을 탄탄히 잡아야 한다.

청중이 처음부터 끝까지 논리적으로 내용을 따라가도록 돕는 것이 중요하다. 중요한 내용을 단계별로 설명하고, 중간에 짧게 정리하는 시간을 가지면 청중의 집중력을 유지할 수 있다. 특히 강의의 도입부에서 오늘 강의의 전체적인 흐름을 살짝 미리 보여주면 '아, 이런 내용을 배울 거구나!' 하고 청중이 자연스럽게 몰입하게 된다.

둘째, 시각적 자료를 적절히 활용한다.

도표, 이미지, 동영상 같은 시각적 요소를 이용하면 청중의 눈이 자연스럽게 화면으로 향한다. 정보가 머릿속에 쉽게 각인되기 때문이다. 그리고 추상적인 이론이나 개념을 실생활의 사례로 연결해 설명하면 훨씬 더 쉽게 이해된다. 나 같은 경우, 심리학 강의에서는 옛날이야기나 스토리텔링을 자주 활용하는 데 이야기의 힘은 정말 크다. 남녀노소 구분 없이 사람들은 이야기를 들으면 눈이 반짝, 귀가 쫑긋하는 것을 느낄 수 있다.

셋째, 청중에게 질문을 던지고, 스스로 생각하게 한다.

강의를 듣는 이들이 수동적으로 앉아 있지 않도록 질문을 던져 그들이 직접 답을 생각해 보게 하면 좋다. 질문은 강의를 쌍방향으로 만들어 주고, 집중력을 다시 끌어오는 효과적인 방법이다. 나는 강의 도중에 관련된 퀴즈를 자주 내고, 작은 선물도 준비하는데, 이럴 때 청중의 눈빛이 달라지면서 강의 분위기도 확 바뀌는 것을 볼 수 있다.

넷째, 긴 강의일 때는 중간에 휴식 시간을 꼭 갖도록 한다.

장시간 강의는 누구나 지칠 수 있다. 그럴 때 짧은 휴식 시간을 제공하거나 간단한 활동을 제안하면 청중이 잠시 머리를 식힐 수 있다. 나는 종종 집중을 하지 못하는 것 같은 청중에게 다가가 휴식 시간에 가볍게 이야기를 나눈다. 그러면 쉬는 시간 이후 다시 강의를 시작할 때 그들의 태도에서 확연한 변화를 느낄 수 있다.

다섯째, 예상치 못한 놀라운 사실을 소개하거나, 유머를 곁들여 보는 것이 효과적이다.

청중이 예상하지 못한 흥미로운 이야기를 접하면 자연스럽게 집중하게 된다. 가벼운 유머도 분위기를 환기하는 데 탁월하다. 물론 너무 과한 유머는 오히려 흐름을 깨뜨릴 수 있으니 자연스러운 타이밍을 노리는 것이 중요하다.

청중의 집중력은 강의의 성공 여부를 결정하는 열쇠다. 청중이 몰입하면 학습 효과가 극대화되고, 강의의 전반적인 질도 확연히 좋아진다. 강의의 흐름을 잡고, 흥미로운 자료와 유머, 적절한 휴식까지 신경 쓴다면 여러분의 강의는 더욱 빛날 것이다.

청중의 집중력 향상을 위한 노력이 곧 강의 성공의 지름길이다

배혜숙

강의 중 청중의 집중력을 유지하는 것은 성공적인 강의의 핵심이라고 할 수 있다. 시간이 지날수록 주의력이 흐트러질 수 있기 때문에, 강사는 다양한 기법을 통해 집중력을 끌어올려야 한다. 이를 위해 여러 가지 방법을 활용할 수 있다.

첫째, 강의 중 적절한 휴식 시간을 제공하면 청중의 집중력을 유지하는 데 도움이 된다. 긴 강의에서는 60분 또는 90분마다 10분의 휴식을 제공해 청중이 집중력을 재충전하도록 해야 한다. 이것은 청중들로 하여금 강의에 다시 몰입하게 할 수 있는 효과적인 방법이다.

둘째, 청중이 수동적으로 듣기만 하지 않고 강사와 소통하며 능동적으로 참여할 수 있도록 해야 한다. 질문, 퀴즈, 토론을 통해 청중의 집중력을 유지하는 데 큰 도움이 된다.

셋째, 슬라이드, 동영상, 그래프 등 시각적 자료를 활용하면 청중의 집중력을 높일 수 있다. 이것은 청중들이 정보를 더 쉽게 이해하고 기억하도록 돕는다.

넷째, 목소리 톤이나 설명의 리듬을 변화시켜 강의가 단조롭지 않게 하면 효과적이다. 이야기를 하듯이 또는 질문을 던지듯이 다채로운 말하기 방식으로 청중의 주의를 끌 수 있다.

다섯째, 핵심 내용은 반복적으로 강조해 청중이 명확히 이해하고 기억하도록 해야 한다. 반복적인 상기가 집중력을 유지하고 중요한 내용을 놓치지 않게 한다.

여섯째, 청중의 공감대를 형성하면 집중력이 향상된다. 공감할 수 있는 사례나 경험을 이야기하면 청중은 더 큰 흥미를 느끼고 강의를 들을 수 있다.

일곱째, 유머와 자연스러운 분위기를 조성하면 청중의 긴장을 풀고 집중을 돕는다. 지나치게 딱딱한 분위기보다는 편안한 분위기가 효과적이다.

여덟째, 청중에게 직접 참여하고 활동할 기회를 제공하는 것도 매우 효과적이다. 청중은 자기 생각이나 아이디어를 공유하거나 토론하면서 학습 효과를 극대화할 수 있다. 이러한 방식은 이론적인 지식뿐만 아니라 실제 적용 경험을 통해 기억에 오래 남는 학습을 가능하게 한다.

철저한 준비와 나만의 루틴을 만드는 것이 핵심

소경희

강의는 언제나 예기치 못한 문제를 동반한다. 특히 고정된 장소에서만 학습이 이루어지지 않는 경우, 강사로서는 더욱 다양한 상황에 대비해야 한다. 강의하는 장소에 사전에 도착해 준비하는 것이 불가능하다면, 문제 발생을 막을 수는 없지만 그에 대한 대처를 사전에 준비하는 것이 필수적이다.

기술적인 문제는 강의의 흐름을 방해할 수 있는 주요 요인 중 하나다. 컴퓨터, PPT, 전기 등과 관련된 이슈는 예고 없이 발생할 수 있으며, 이를 대비하기 위해서는 여유 있게 미리 도착하여 모든 장비를 점검하는 것이 중요하다. 강의 공간에 있는 장비가 작동하지 않을 경우, 내가 준비한 노트북과 USB를 통해 대체할 준비를 해야 한다. 이러한 준비는 강사의 전문성을 더욱 부각하며, 학습자에게 신뢰를 주는 요소가 된다.

나만의 루틴을 구축하는 것은 예기치 못한 상황에 대비하는 데 있어 매우 유용하다. 강의 전, 강의 중, 강의 후에 일관된 절차를 따르는 것은 당황하지 않도록 도와준다. 예를 들어, 강의 시작 전에는 항상 장비를 점검하고, 필요한 자료를 미리 정리하는 습관을 들이는 것이 좋다. 이러한 루틴은 강사가 자신감을 가지고 강의에 집중할 수 있도록 해준다.

또한 기술적인 문제 해결을 위한 백업 계획을 마련하는 것도 중요하다. 만약 노트북이 작동하지 않는다면, USB에 자료를 저장해 두어 다른 컴퓨터에서도 쉽게 접근할 수 있도록 하고, 인터넷 연결이 불안정할 때는 오프라인 자료를 준비해 두는 것이 좋다. 이러한 준비는 강사가 기술적 문제를 신속하게 해결할 수 있는 능력을 키워준다.

예기치 못한 기술적인 문제에 대처하기 위한 전략은 철저한 준비와 나만의 루틴을 만드는 것이 핵심이다. 강의 전, 강의 중, 강의 후의 모든 과정에서 일관된 절차를 따르고, 기술적 문제에 대비한 백업 계획을 마련함으로써, 강사는 자신감을 느끼고 강의에 임할 수 있다. 이러한 자세가 명강사로서의 역량을 더욱 강화하고, 학습자에게 안정적인 학습 환경을 제공하는 데 이바지할 것이다.

4

성공적인 강의를 위한 개인적인 팁

**진정성 있는 성공적인 강의는
무엇이라 생각하는가?**

강혜원

초등학생 대상 강의 보통 15~20분이 지나면 집중력이 현저하게 떨어진다. 따라서 첫 강의 시 15~20분의 이 수업의 분위기를 형성하게 만드는 가장 중요한 시간이다. 집중적인 분위기를 유지하기 위해서는 어떤 '팁'을 선택하든지 학생들이 강의 주제에 집중하게 만드는 것이 중요하다. 강의 과정을 생각하도록 만들고, 참여할 수 있도록 대화하듯이 하며, 학생들의 주의를 깨트리는 나쁜 습관이나 행동을 피하는 것이 좋다.

첫째, 관련 있는 일화를 소개한다. 가르치려고 하는 원리를 설명할 수 있어야 하며, 학생들은 일화에 묘사된 상황에 학습 내용을 관련지을 수 있어야 한다.

둘째, 질문하기이다. 학생들에게 질문을 한 후 해답을 주기 전에 5~10초 동안 여유를 갖고 기다려 주어야 하며, 개방형 질문으로 선택의 자유를 주어 본인의 생각과 느낌을 표현할 수 있도록 해야 한다. 또한 학생들로부터 질문받기를 반기며, 가능하면 모든 응답을 수용하고 격려할 수 있어야 한다.

셋째, 역할 놀이하기이다. 학생들에게 구체적인 상황에서 구체적으로 주어진 역할을 하게 하며, 진행되는 동안 교육 요점을 지적한다며 역할 놀이가 중단되지 않도록 방해되지 않도록 주의해야 한다.

반드시 초등학생들에게는 자신의 견해를 언급할 기회를 주며, 관찰한 바에 대하여 의견을 말할 수 있도록 유도하는 것이 필요하다. '나'만의 강의 팁은 지식을 전달하고 이해시키는 것만을 목적으로 하지 않고, 교육을 받는 학생들의 즐거움을 찾아 주며 하루의 풍족함을 전달하고 싶다.

인상적인 핵심 키워드를 선택하고 효과적으로 활용하라

김성희

강사는 언제나 성공적인 강의를 꿈꾼다. 시간을 투자해서 새로운 것을 익히고 열심히 준비하고 노력한다. 노력한 만큼의 결과가 돌아오기도 하지만 반드시 그렇지 않을 때도 있다. 강사의 역량이나 강의 준비도와는 별개로 다양한 장애물이 존재할 수 있다. 유능한 강사는 그러한 부분을 사전에 매우 철저하게 점검하고 확인할 필요가 있다. 따라서 성공적인 강의를 위한 팁 하나는 강의를 의뢰한 기관의 담당자와 구체적이고 세밀한 사전 인터뷰를 매우 중요하게 여겨야 한다는 것이다. 개별 노트를 작성하여 강의장 위치, 이동 동선과 함께 사전에 같은 요일, 같은 시간대 교통상황을 점검하여 도착 시간에 대한 계획을 세운다. 강의장의 환경, 강의를 위한 기기 점검이 필요하다. 필요하면 사전 방문 또는 강의장 환경에 대한 설명 및 사진을 요청할 수 있다. 철저한 사전 준비 태도는 강사에 대한 신뢰감을 높여줄 것이다.

성공적인 강의를 위한 또 다른 팁은 강의 참여자의 욕구와 필요에 대한 정확한 파악이다. 강의 주제와 관련하여 강의 참여 대상과 인원, 나이 및 기타 주제와 관련한 사전 정보를 가능한 만큼 깊게 파악하는 것이 좋으며 강의 진행에 필요한 사전 설문이나 질문을 받는 것도 도움이 된다. 강의 참여자들의 기대와 욕구를 사전에 알면 교안 작성하는 데 도움이 되며 이는 강의를 이끌어 가는 데에도 중요한 자료가 된다.

이와 같은 사전 준비가 끝나면 이제 강사 자신을 준비할 차례이다. 강사의 컨디션 최상으로 유지해야 한다. 건강, 시간, 용모 등 강사로서 갖춰야 할 품위와 강의 진행을 위한 관리는 필수적이다. 강의를 이끌어 가는 것은 강사다. 강사의 컨디션이 좋을 때 주의가 흐트러지지 않으며 더 열정적으로 준비된 내용을 잘 전달할 수 있다.

기본이 중요한 것은 강의에서도 마찬가지다. 성공적인 강의를 위해서는 참신하고 알찬 정보에 기반한 충실한 교안 준비와 효과적으로 전달하는 능력이 기본적으로 갖추어져야 한다. 성공적인 강의를 위해서는 스토리텔링에 기반하여 꼭 전달하고 싶은 내용을 대표할 수 있는 키워드가 필요하다. 또한 목소리의 크기, 어조, 빠르기 등을 조절하여 효과적으로 전달하는 것이 중요하다. 비유와 예시, 질문과 청중의 호응, 유머 등이 적절하게 어우러지면 여러 번 언급이 되어도 오히려 반복의 즐거움을 경험하게 될 것이다. 참여형 강의 구조에서 강사와 청중은 그 키워드를 통해 함축적으로 내용을 공유하게 되어 친근감을 느끼고 끈끈한 공감대를 형성한다.

또한 강사로서 해야 할 것과 하지 말아야 할 것을 구분하고 실행하는 것은 매우 중요하다. 가령 청중의 의견을 반영하거나 보상할 때 자칫 편파적이거나 정당성이 뒷받침되지 않으면 기분이 상하거나 분위기가 과열되어 오히려 주의가 분산될 수 있다. 차별적 사고나 언행, 성인지 감수성 결여로 야기되는 문제는 사회적 이슈로 확대될 수 있으므로 반드시 주의해야 한다.

성공적인 강의 후의 뿌듯함과 행복감은 강의를 지속할 수 있는 원동력이자 삶의 의미가 되기도 한다. 이 순간에도 강사는 성공적인 강의를 꿈꾸며 보이지 않는 힘에 이끌리듯이 청중 앞에 선다.

나만의 루틴을 만들어라!

박동철

강의에서 루틴은 강사가 성공적인 강의를 하기 위하여 사전에 준비하고 강의 후 피드백까지 진행하는 하나의 과정이라 볼 수 있으며, 각자가 가지고 있는 자신만의 고유한 의도적 습관이라 할 수 있다. 루틴은 강의 중에 불안과 긴장되는 상황에서 유연하게 대처하는 인지적 기법이며, 자신을 방어하는 방패와도 같다.

미국의 유명한 어느 강사는 항상 메모지와 펜을 준비하고, 메모지를 가끔 보면서 강의하는 루틴이 있었다. 강의가 끝나고 궁금했던 청중 한 사람이 그 종이에 도대체 뭐가 적혀 있는지 너무 궁금한 나머지 연단에 올라가 확인했는데, 아무것도 쓰여 있지 않은 하얀 백지였다. 왜 그랬을까? 그 강사는 언제나 메모지에 중요한 내용이 쓰여 있는 것처럼, 백지를 보면서 강의하는 루틴으로 청중에게 정확한 신뢰감을 주었고, 자신도 편안하게 성공적인 강의를 이어갈 수 있었다.

만약 나만의 루틴이 없다고 한다면 어떻게 만들면 좋을까? 루틴은 한순간에 만들어지는 것이 아니라 수없이 반복하고 숙달하여 습관적으로 발휘할 수 있어야 한다. 어떤 상황에서도 내가 당황하지 않고 극복할 수 있는 위기 대처법과도 같은 것이기 때문이다. 강의 중에 갑자기 말문이 막혀서 아무 생각이 나지 않을 때, 전혀 예상치 않은 질문을 받았을 때, 준비했던 자료가 사라졌을 때, 청중이 보는 앞에서 망설이거나 강의가 이어지지 못하면 난처한 상황이 되기 마련이다. 강사들은 이러한 상황이 닥치면, 머리를 만지거나, 천정을 쳐다보거나, 눈을 감거나, 모른 척하기도 하는데, 이렇듯이 슬기롭게 대처하지 못하면 다음에 이어지는 강의가 매끄럽지 않고 맥락이 끊기게 될 수도 있다.

위와 같이 강의 루틴은 행동이나 언어에 국한되지 않고, 준비하는 자료, 과정도 모두 포함된다. 철저하게 강의 자료를 만들어도 막상 강의실에 들어가면 분위기에 따라서 위축되거나, 준비된 자료를 찾지 못할 때가 있으며, 실수하지 않고 성공적인 강의를 위해서는 나만의 루틴을 만들어야 한다. 사전에 준비된 강의 자료를 달달 외우다 싶을 정도로 충분한 연습을 해야 하며, 강의 시작 전에 명상이나 심호흡을 하는 것도 긴장을 완화하고 집중력을 높이기에 큰 도움이 되는 루틴이 될 수 있다. 그리고 강의를 진행하면서 일방적인 교육보다는 집중력이 떨어진 사람들을 대상으로 질문하고 답변을 유도해서 집중할 수 있도록 강의를 이끌어 가는 방법도 나만의 좋은 루틴이 될 수도 있다.

만약 강의하는 도중에 예상치 못한 상황이 발생하면 청중의 반응에 따라 애드리브를 유연하게 구사하여 잘 대처하고 강의 후 피드백을 통해 자신의 강의를 평가하는 것도 성공적인 강의를 위한 나만의 루틴을 만들어 가는 것이다. 그리고 간혹 실수를 말하지 않아도 될 때는 굳이, "죄송합니다.", "미안합니다.", "양해 부탁드립니다." 이런 말은 삼가는 것도 나만의 효과적인 루틴이라 할 수 있으며, 성공적인 강의를 위한 개인적인 팁이라 할 수 있다.

성공적인 강의는 준비·소통·지속적 노력으로 완성된다

배혜숙

성공적인 강의는 지식 전달을 넘어 청중과의 소통을 통해 의미있는 경험을 만들어내는 과정이다. 강의 준비와 진행에서 중요한 몇 가지 개인적인 팁을 소개하면 다음과 같다.

첫째, 철저한 사전 준비는 강의의 성공을 좌우한다. 강의 자료와 청중의 특성에 맞는 내용을 준비하고, 사전 총연습으로 강의 흐름을 점검하며 예상 질문에 대비할 필요가 있다.

둘째, 자연스러운 몸짓과 제스처는 청중의 주의를 집중시키는 데 도움이 된다. 정적인 자세보다 자연스러운 움직임과 손짓으로 메시지를 강조하면 집중력을 높일 수 있지만, 과도한 제스처는 방해가 될 수 있으니 적절히 사용해야 한다.

셋째, 청중과 눈을 맞추는 것은 강의의 중요한 소통 방식이다. 청중과 시선을 교류하면 청중은 강사와 연결되어 있다는 느낌을 가질 수 있어서 강의에 더 잘 참여하게 된다. 또한 청중의 반응을 실시간으로 확인하고, 이에 맞춰 강의 방식을 조정할 수 있어 강의의 효과를 극대화할 수 있다.

넷째, 유연하게 계획을 변경하는 능력은 강사의 중요한 자질이다. 예상치 못한 상황이 발생하면, 계획을 조정하고 청중의 반응에 맞춰 강의 흐름을 재정비하는 것이 성공적인 강의를 이끄는 중요한 기술이다.

다섯째, 자신감 있는 전달력은 청중의 신뢰를 얻는 데 중요하다. 명확한 목소리와 적절한 속도, 톤 조절로 메시지를 전달하면 효과가 더 커진다.

여섯째, 청중을 존중하고 참여를 유도하는 것이 중요하다. 강의는 일방적인 전달보다 상호 작용이 잘될 때, 더 효과적이다. 청중의 의견을 묻고 참여를 유도하면 집중력이 높아지고 소통이 원활해진다.

일곱째, 실제 사례를 활용하면 강의 내용이 더 쉽게 전달되고 청중의 이해와 기억이 향상된다. 실생활과 관련된 예시는 청중이 내용을 자신에게 적용하도록 돕는다.

여덟째, 강의 후 피드백을 받는 것은 강의 스타일을 개선하는 데 도움이 된다. 청중의 피드백을 통해 무엇이 효과적이었고 개선할 점이 무엇인지 파악하는 것이 중요하다. 이를 바탕으로 강의를 지속적으로 발전시켜야 한다.

학습자의 특성과 환경을 세심하게 고려해야

소경희

성공적인 강의를 위해서는 학습자의 특성과 환경을 세심하게 고려해야 한다. 먼저, 학습자의 연령대 '어린이, 초등학생, 중학생, 고등학생, 성인, 노인 등'에 따라 적합한 마술 도구를 선정하는 것이 중요하다. 또한 장애인과 비장애인에 따라 접근 방식이 달라져야 하며, 이는 강의의 효과를 극대화하는 데 필수적인 요소다.

강의의 형식도 고려해야 한다. 일회성 특강인지, 체험학습인지, 또는 다회성 강의인지에 따라 설명의 난이도와 강의 내용을 조절해야 한다. 실내인지 야외인지에 따라서도 강의 방식은 달라져야 하며, 학습자가 충분히 학습하고 익힐 수 있는지를 지속적으로 확인하는 것이 중요하다.

마술 수업의 기본은 무엇보다 중요하다. 강사로서 마술의 이해, 동작, 표정, 그리고 적절한 언어적 표현까지 아우르는 강의가 필요하다. 무대 마술을 배우는 학습자라면, 걸음걸이, 동선, 표정, 움직임까지도 그들의 수준에 맞추어 학습할 수 있도록 지도해야 한다. 이를 통해 학습자는 자신감을 가지고 마술을 선보일 수 있게 된다.

강사의 옷차림도 강의의 성공에 중요한 역할을 한다. 학교에서의 복장과 컨벤션에서 의상은 확연히 달라야 하며, 이는 강사의 전문성과 신뢰성을 높이는 요소가 된다. 강사의 외적 이미지가 강의의 내용과 일관성을 이루는 것이 중요하다.

마지막으로, 강의의 마무리는 학습자에게 깊은 여운을 남기는 것이 중요하다. 잔잔하지만 생각할 힘을 가진 이야기를 통해 마무리하며, 강의의 중요한 점을 요약해 전달해야 한다. 이 과정에서 호흡을 가다듬고, 학습자가 다시 생각할 여지를 두는 것이 핵심이다. 이러한 마무리는 학습자에게 긍정적인 영향을 미치며, 강의 내용을 더욱 깊이 새길 수 있는 기회를 제공한다.

성공적인 강의를 위해서는 학습자의 특성과 강의 형식에 따른 세심한 준비가 필요하다. 마술 수업의 기본을 철저히 이해하고, 강사의 이미지, 그리고 강의의 여운을 남기는 마무리까지, 이러한 요소들이 조화를 이루어야만 학습자는 강의에서 진정한 가치를 느낄 수 있다. 강사로서 나의 목표는 이러한 모든 요소를 고려하여, 학습자에게 잊지 못할 경험을 선사하는 것이다.

열정을 키우자

이형모

강의 주제가 선정되면, 내용을 면밀히 파악하여 이를 이해하고 강의할 장소, 인원수, 직업, 환경 등 분위기를 확인해야 한다. 이러한 요소를 고려하여 강의 내용을 그에 맞게 계획하고, 강의에 대한 열정을 지니고 임해야 한다. 이 열정은 청중에게 전달되어 관심과 신뢰를 이끌어 낼 수 있을 것이다. 청중의 수준과 분위기를 파악하여 그에 알맞게 강의를 조정하는 것이 중요하다. 이러한 과정을 통해 꾸준히 노력하면 명강사로 성장할 수 있다.

청중이 희망하는 강의를 제공하면 그들은 더욱 집중하고 관심을 갖게 된다. 내용은 복잡하지 않고 명확하며 간결하게 전달하는 것이 중요하다. 청중이 이해하기 쉽도록 핵심을 짚어주고, 가능한 실제 예시나 사례를 활용하여 내용을 구체화함으로써 청중의 이해와 관심을 높일 수 있다. 강의 도중에는 청중과의 상호작용을 유도하여 질문하거나 토론을 진행하는 등의 방법을 통해 청중의 참여를 이끌어내면 더욱 흥미로운 강의가 될 것이다.

강사의 단점을 긍정적으로 개선하고, 쌍방향 의사소통 기법을 활용하여 빈틈없는 준비를 하며 리허설을 통해 미숙한 내용을 정정하면 더욱 안정적이고 알찬 강의로 청중으로부터 좋은 반응을 얻을 수 있다. 생동감 있는 표정과 눈빛, 효과적인 제스처는 내용 전달의 효과를 극대화하고, 청중이 보내는 몸짓을 통해 강의 방법을 조절하여 청중의 호기심을 유발해야 한다.

슬라이드, 차트, 그래프 등의 이미지를 활용하여 시각적인 자료를 제공하면, 내용을 시각적으로 표현하고 청중의 이해를 돕는 방법이 된다. 강의 내용을 충분히 이해하고 연습하여 자신감 있는 원활한 진행을 한다면, 청중의 많은 관심을 끌 수 있다. 강의 후에는 청중으로부터 피드백을 수렴하여 개선할 점을 확인하고, 미숙한 부분은 꾸준한 노력으로 발전시켜야 한다. 이러한 팁을 참고하여 강사의 미숙한 내용을 보완하면 훌륭하고 성공적인 강의를 할 수 있을 것이다.

강의 노트 작성은 학습 과정에서 중요한 부분이며, 효율적이고 효과적인 강의 노트 작성을 통해 학습 효과를 극대화할 수 있다. 강의 노트는 명확하고 정리된 구조를 갖추어야 하며, 주요 내용을 제목으로 구분하고 세부 내용을 목록이나 번호로 정리하여 정보 활용에 유용하도록 한다. 강의 중에는 많은 정보가 주어질 수 있기 때문에, 이중에서 핵심적인 내용을 파악하고 노트에 점검해 두면 필요할 시 빠르게 찾을 수 있다. 개인적인 메모를 추가하여 강의 내용과 관련된 생각, 질문, 이해를 돕는 예시, 관련 참고 자료를 포함하는 것도 좋다. 개인적인 메모는 학습 이해도를 높이는 데 기여할 수 있다.

강의 노트에는 시각적 요소를 활용하여 정보를 기억에 남도록 할 수 있으며, 시각적인 자료를 통해 정보를 이해할 수 있다. 도구를 활용한 강의 노트를 만들고, 녹음 앱을 이용하여 강의 노트를 작성하면 필요에 따라 편집하거나 공유할 수 있으며, 어디서나 쉽게 접근하고 효율적으로 관리할 수 있다.

4

강의 중 문제해결 전략

1

강의 중 시간 관리를 위한 전략

모든 가능성을 고려하여 타임라인을 설정하고 시뮬레이션하라

김성희

강의 중 시간 관리는 성공적인 강의를 위한 필수 요소다. 흔히 말하길, 정해진 강의 시간보다 5분 일찍 끝내주는 강사가 유능한 강사라는 이야기가 있다. 정확한 시간의 배분은 강의를 진행하는 강사도 한결 여유로운 마음으로 유연한 강의를 할 수 있도록 한다.

강의 교안을 작성하다 보면 종종 주어진 강의 시간으로 인해 고민하게 된다. 주로 주어진 강의 시간은 짧은데, 주제에 따른 내용이 많을 때이다. 강사의 의욕이 과도하여 되도록 더 많은 내용을 전달하고 싶은 욕심이 생길 때 주의가 필요하다. 이럴 때 강사는 시간을 염두에 두고 내용의 중요도 혹은 필요성에 따라 우선순위를 정해야만 한다. 강사는 내적 갈등 속에서 결단을 내려야 한다. 욕심을 버리고 내려놓는 마음의 작업이 필요하다. 초보 강사이거나 혹은 자신을 드러내고 싶은 마음이 클수록 이 과정에서 어려움을 보일지도 모른다. 강사로서 활동하며 덜어냄, 겸허함과 겸손함에 대해 더욱 배워나가야 하는 이유다.

시간을 고려하여 강의 내용이 추려지면 대체로 하나의 큰 이야기가 된다. 즉 강의 전반에 걸쳐 기승전결의 과정을 거치는 스토리텔링이 가능해지고 이를 토대로 세부적인 시간이 정해진다. 이야기는 서사가 너무 길면 지루하다. 적절한 길이의 서사가 펼쳐지고 그 뒤의 이야기에 호기심을 느낄 수 있도록 하는 것이 중요하다. 강의도 마찬가지다. 강의가 처음에 이루어지는 아이스브레이킹(Ice Breaking) 과정 또한 청중의 눈과 귀가 강의를 향할 수 있도록 내용과 연관된 활동을 선택하는 것이 효과적인데 너무 길어지지 않도록 보통 10분에서 20분 정도의 시간이 배정된다.

전개 과정에서는 청중이 흥미와 호기심을 가지고 자발적으로 다가오도록 유도하는 것이 중요하다. 이후 가장 핵심적인 부분에서 청중의 기대에 부응하는 명쾌하고 신선한 정보를 전달하는 것이다. 일방적 강의를 지양하고 직접 참여하고 상호작용을 하는 참여형 강의 방식은 더욱 즐겁고 활기찬 강의와 청중의 만족도를 높인다. 참여식 강의에서는 특히 시간 배분에 주의를 기울여야 한다. 참여 인원, 질문의 수, 반응의 정도를 정교하게 예상하여 배분해야 한다. 기관 제출용 교안 이외에 정교하게 작성된 강사만의 시간 계획표를 작성하는 것이 좋다. 경험이 쌓이면 이 작업은 훨씬 수월해지고 간편한 시간 계획표 작성이 가능해진다.

또한 돌발상황이나 가능한 변수들을 미리 점검해야 한다. 기기의 오작동, 기관 사정 등 강사가 조절할 수 없는 상황이 얼마든지 일어날 수 있다는 것을 염두에 두어야 한다. 강의 중 시간에 쫓기는 모습이나 초조한 태도를 보이는 것은 청중을 불편하게 하고 강의에 집중하지 못하게 한다. 강사만 볼 수 있는 곳에 시계를 두는 것도 방법이다. 그리고 불가피한 상황이 발생하여 시간이 촉박해져 준비한 내용을 모두 다룰 수 없는 당황스러운 상황에서도 강사는 청중이 그것을 알아차릴 수 없을 만큼 유연한 태도로 강의 내용을 잘 선별하여 전달해야 한다.

강사의 시간은 해당 강의의 교안을 작성하는 순간부터 카운트된다고 생각해야 한다. 강의가 이루어지는 상황을 머릿속에 떠올리고 내용을 실제처럼 말하고 동작하며 시간을 맞춰보고 꼼꼼하게 검토해야 한다. 그러면 초보 강사도 곧 명강사가 될 수 있을 것이다.

시간 배분의 계획이란

김순화

강의 중 시간 관리를 위해, 나는 강의 시간 전에 전체적인 시간 배분을 계획하고 각 주제에 대한 시간을 서론, 본론, 결론으로 정해 준다. 어떨 때는 타이머를 사용하거나 핸드폰의 시간을 관리하며 강의 진행 상황을 쉽게 파악한다. 중요한 주제에 더 많은 시간을 할애하고 덜 중요한 부분은 간략하게 다룬다. 질문받을 시간을 미리 정해 두어 강의 중간의 시간을 낭비하지 않고 목표에 집중한다. 예기치 않은 상황이 발생할 수 있으므로, 필요할 경우 강의 계획을 조정할 수 있는 유연성을 가지려고 한다. 그러기 위해 강의를 준비하는 과정에서 비상용 자료를 더 만들어 미리 대비해 둔다. 이러한 전략을 통해 효율적인 시간 관리를 하며 효과적인 강의를 진행할 수 있다.

어떤 강의는 수업 시간에 다른 이야기의 내용으로 시간을 낭비하는 경우가 많다. 이러한 강의는 시간의 아까움과 외부 강의를 들어야 하는 의문, 그리고 속상함을 준다. 강사도 명품 강사가 되더라도 강의 준비를 잘하지 못하면 이러한 문제가 발생할 수 있다. 나는 이러한 강의는 나부터 조심해야 한다고 생각한다. 명품 강사라고 해서 항상 명품 강사일 수는 없다. 연구와 개발이 없다면 강의 연구 또한 이루어지지 않으며,

항상 명품일 수는 없다. 이는 중고명품의 지름길이라고 볼 수 있다.

강의의 시간 관리는 다음 수업의 연결로 이어진다. 강의 시간 관리는 강사의 시간 분배 계획 속에 이루어져야 한다. 한 학기에 배워야 할 분량이 있기에 강의 계획을 작성한다. 강의계획서의 내용이 같아야 하는 것이 맞지만, 다른 방향으로 진행되는 경우도 존재한다. 휴강이 그 중 하나의 예이다. 강의계획서에 없는 휴강이 급하게 발생하면 그 다음 수업의 연결을 고려해야 한다. 강의 수업 시간의 휴강 후유증 또한 시간 전략으로 수업이 이어지도록 만들어야 한다. 그러므로 휴강 전 수업에서 전하는 메시지가 중요하며, 휴강 후 수업에 대한 기대감을 만드는 것 또한 좋은 생각이다.

노인 레크리에이션 수업을 진행하며 강의계획서를 쓰고 시간 관리를 하면서 느낀 점이 있다. 강의 주제나 내용을 먼저 정하고 제출할 때, 주제를 정하시는 분들이 정말 그 분야에 맞는 프로그램을 선정하고 시간을 조절해야 한다고 생각한다. 국가에서 필요로 하는 자격증만으로도 명품 강사들이지만, 새로운 자격증을 만드는 것에 집착하다 보니 자격증의 시대가 되어 간다. 새로운 자격증도 필요하지만, 수업의 기초로 다져진 국가자격증과 각자의 개성 연구의 노력이 있다면 많은 자격증을 가진 것보다 더 나은 결과를 가져올 것이라는 생각도 해본다.

시대가 흐르면서 많은 종류의 수업들이 나오게 될 것이고, 그럴 때마다 드는 비용 또한 만만치 않다. 과연 누구를 위한 자격증인가. 자격증을 따는 비용도 배우는 비용도 결코 적지 않다. 정말 그만한 대가가 있다면 해도 후회는 하지 않겠지만, 장롱 자격증이 된다면 그것은 나의 탓이 된다. 강의 중 시간 관리의 중요성도 크지만, 그때 나의 강의 내용의 자격증이 미래에 많아질 것이라는 점을 생각해야 한다. 복잡하다. 자격증의 만발로 인한 수업 내용의 제목을 정하고 큰 테두리의 자격증 안에서 할 수 있는 수업을 하지 못하게 되는 억울함과 작은 자격증을 따야 하는 현실들이 미래의 숙제가 아닐까 싶다. 이러한 문제들이 해결되어 간다면 강의 중 시간 관리뿐만 아니라, 미래에 더 발전하는 수업에 긍정적인 영향을 줄 수 있을 것이다.

학습자와의 신뢰 구축은 상호 존중의 결과물

김현숙

이 세상에서 대인 관계의 기본은 신뢰감이라고 생각한다. 일회성의 만남인 강의에서도 교육 참여자와의 신뢰감은 매우 중요하다. 교육 참여자가 강사에게 신뢰감을 잃을 때, 아무리 좋은 내용의 강의라도 그 강의는 이미 생명을 잃게 된다.

그렇다면 강사를 믿는 힘은 무엇일까? 이미지 메이킹, 전문적인 지식, 좋은 콘텐츠 등 여러 요건이 있지만, 이러한 요건들은 기본적으로 강사가 지녀야 할 사항들이라 생략하고, 이외에 강의 중에 느꼈던 것들을 세가지로 이야기해 보고자 한다.

첫 번째는 겸손한 마음이다. 강사는 무엇인가 가르치러 온 것이 아니라, 함께 소통하고 같은 입장이 되어보려는 노력이 필요하다.

두 번째는 정직한 강사가 되는 것이다. 강사가 실수하거나 질문에 관한 내용을 잘 모를 때에는 솔직하게 실수와 모른다는 것을 인정하고, 사과와 함께 질문에 대한 답을 어떤 방식으로든 추후 알려주려는 태도가 필요하다. 다 회기 강의라면 다음 시간에 알려주면 되지만, 일회성 강의의 경우에는 동의 하에 전화번호를 문의한 후 알려줄 수도 있다.

세 번째는 교육 참여자를 신뢰하는 강사가 되는 것이다. 이는 주로 청소년의 상황에 해당하기도 하는데, 교육 참여자의 마음에 공감하고 그들과 함께 숨 쉰다면 이것이야말로 살아있는 강의가 될 수 있다.

3장의 '청중의 관심을 끄는 오프닝'에서 소개했던 규칙을 정할 때, 보통 강사가 규칙을 정해 PPT에 띄우고 이야기하지만, 학생들이 친구들과 상호 존중하기 위한 규칙을 스스로 정하게 하고, 스스로 정한 만큼 지키려고 노력하도록 안내한다면, 교육 참여자들은 선택권을 보장받고 자신들의 선택에 대한 책임을 알 수 있게 된다. 학생들은 강사의 명

령이 아닌 자신들이 존중받고 신뢰받는 귀한 경험을 하게 되는 것이다.

강사와 교육 참여자들이 상호 유기 관계를 맺고 서로를 존중하는 마음이 자리 잡을 때, 학습자와의 신뢰는 그 결과로 자연스레 돌아올 수 있게 된다.

주제별로 명확한 시간 계획을 세우자

박동철

시간 관리는 언제 어디서나 누구에게나 중요한 개념이다. 강사가 시간개념 없이 강의 시간 관리를 제대로 지키지 못한다면 학습자에게 혼란을 초래하게 될 것이며 다른 누군가의 시간을 뺏는 것이나 마찬가지다. 또한 강사의 시간개념은 청중과의 정해진 약속이다. 강의에만 집중하다 보면 시간이 얼마나 지나갔는지, 생각이 나지 않을 때가 더러 있다. 이럴 때를 대비해서 어떤 강사는 알람을 켜놓기도 하고, 핸드폰이나 작은 시계를 혼자만 볼 수 있게 숨겨두는 강사도 있다. 또한 강사가 시간을 너무 자주 확인하면, 강의에 집중력이 떨어지고 학습자들도 신경이 쓰일 수도 있다. 여기서 중요한 점은 시간에 너무 구애받다 보면 핵심적인 내용을 빠뜨리거나 시간 분배를 잘못해서 오히려 시간이 남거나 부족할 수도 있다는 점이다.

예전에 나는 어느 관공서 직원들 대상으로 강의하기 위해서 대기하고 있었는데, 강의 시간이 지났는데도 앞에서 강의를 마치지 않고 10여 분 지나서 담당자가 미안하다고 하면서 잠시만 더 기다려 달라고 했다. 그래서 나는 괜찮으니까 편하게 하시라고 대답했다. 그러나 개인적으로 나도 준비할 시간이 필요했다. 이처럼 강사가 시간 관리를 잘하지 못하면 다음 강사가 준비할 시간도 없이 허둥지둥 강의를 시작할 수도 있기에 철저한 시간 계획을 세워 놓지 않으면 안 된다.

그러므로 주제를 선정하고 시간 계획을 잘 세우기 위해서는 주제를 세분화시켜 놓고 설명할 시간을 메모해 두면 편리하다. 예를 들어서 '건강관리' 과목을 1시간 강의한다고 가정하면 건강 음식 10분, 운동계획 20분, 몸 관리 15분, 감량 목표 10분 이런 식으로 단계별 강의 시간을 체크하고 5분 정도 여유를 남겨 놓으면, 유효적절하게 강의할 수가 있다. 그렇다고 너무 시간에 맞게 강의하려고 하다 보면, 여유 시간도 없이 답답한 강의가 될 수도 있기에 청중들의 반응 여부에 따라서 적절하게 시간을 조절해야 한다. 똑같은 강의 자료를 가지고 강의를 한다 해도 학습자들의 수준이나 이해 능력, 강의실 분위기 등 환경에 따라서 10분 이상의 강의 시간 차이가 있을 수도 있다. 그래서 강의를 마친 후에는 강의 노트를 작성해서 분석해 놓으면 다음 강의할 때는 많은 도움이 될 것이다.

그리고 강의하다 보면 돌발적인 질문이나 예기치 못한 기술적 상황이 발생하여 시간을 낭비할 때가 가끔 발생할 수도 있다. 특히 여성 강사들한테 악의적으로 답변하기 곤란한 질문을 하여서 영웅적인 대접을 받고자 하는 학습자도 있다. 그렇다고 답변을 피하거나 맞대응하면 부정적인 효과를 낼 수도 있기에 별도의 시간을 내어 "다음 기회에 답변 드려도 될까요?"라고, 일단 미루거나 아니면 명쾌한 답변으로 더 이상 질문을 하지 못하게 마무리를 잘해야 한다. 이러한 방식으로 주제별 시간 계획을 잘 세우고 강의를 하면 보다 효율적이고 성공적인 시간 관리를 할 수가 있다.

시간 관리는 곧 강의의 리듬, 성공적인 강의를 위한 시간의 열쇠

백세영

몇 년 전, 심리학 전공 입시를 준비하는 고등학생들을 대상으로 강의를 의뢰받았다. 그날의 주제는 '인간 행동의 심리적 동기'였고, 이전에 학생들을 대상으로 한 다양한 강의 경험이 있었기 때문에 자신감도 있었다. 또한 철저하게 준비한 강의 자료와 구성 덕분에 완벽한 강의가 될 거라고 믿어 의심치 않았다. 하지만 예상치 못한 문제가 발생했다. 강의가 시작되고 학생들의 반응은 무척 좋았고 여러 흥미로운 질문이 쏟아졌는데, 그 질문에 답하며 더 많은 사례를 설명하다 보니, 어느새 시간이 많이 흘러버렸다. 시계를 봤을 때, 이미 주어진 시간의 3분의 2가 지나 있었고, 정작 핵심 내용들은 아직 다루지 못한 상태였다. 당황한 나는 남은 시간을 급하게 채우려 서둘렀고, 강의는 내가 계획한 것과 다르게 마무리되고 말았다.

강의가 끝난 후 걱정했던 것과는 달리 긍정적인 피드백을 받았고, 다음 강의까지 연결이 되긴 했지만, 준비했던 핵심 내용을 충분히 전달하지 못한 아쉬움이 크게 남았다. 이 경험을 계기로 시간 관리의 중요성을 다시 한번 깨달았다. 그 후로는 철저하게 시간 관리를 하는 다양한 방법을 시도하게 되었다.

첫째, 타이머를 활용하는 방법이다.

중요한 강의에서는 부문마다 타이머를 설정해 시간을 관리하기도 하는데 도입부, 본론, 정리 및 Q&A에 명확하게 시간을 배분하고, 타이머가 울리면 진행 상황을 점검하며 강의를 조절한다. 한 번은 '스트레스 관리'의 주제로 90분 동안 워크숍을 진행할 때, 30분마다 타이머를 설정해 단계별로 얼마나 진행됐는지 확인했다. 중간에 기술적 문제가 발생하기도 했지만, 핵심 내용을 빠르게 재조정해 흐름을 잡았고, 다행히 청중과의 활발한 상호작용도 이루어졌다. 타이머가 나의 시간 지킴이가 되어주었다.

둘째, 시간을 미리 알리는 방법이다.

또 다른 전략은 활동마다 시간을 미리 청중에게 알리는 것이다. 청중과 함께 시간을 점검하면 그들도 자연스럽게 시간 흐름에 맞춰 집중하게 되고, 마치 "이제 10분만 더 집중하면 중요한 부분이 나와요!"라고 알리는 신호와 같은 효과도 있다.

셋째, 쉬어가는 시간의 힘을 기억한다.

강의하다 보면 청중이 지치는 순간이 느껴질 때가 있다. 그럴 때 마음이 급해져 남은 내용을 서둘러 간략하게 설명하고 싶어지지만, 그보다는 잠깐의 휴식 시간을 주는 것이 더 좋은 해결책이다. 간단한 스트레칭이나 짧은 휴식을 통해 청중이 잠시 숨을 돌릴 수 있게 하면, 다시 강의를 시작했을 때 분위기가 확 살아나고 몰입도가 올라가는 것을 볼 수 있다.

강의의 성공은 시간을 어떻게 관리하느냐에 달려있다고도 할 수 있다. 강사의 철저한 시간 관리는 청중의 몰입을 유지하고, 강의의 흐름을 유연하게 조절해 준다. 이를 통해 강의의 전반적인 질이 높아지며, 청중과의 상호작용도 훨씬 풍부해진다. 강의 시간 관리라는 열쇠로 성공적인 강의의 문을 활짝 열어보도록 하자.

태산만큼 준비하고 바늘만큼 교육한다

이남희

처음 강의할 때는 강의 시간을 맞추는 것이 의외로 힘들었다. 처음에는 왜 그런지 몰랐는데, 강의 경험이 조금씩 쌓이면서 제 나름대로 방법을 찾았다.

그 핵심은 바로 강의 준비는 어마어마하게 많이 하되, 실제 강의에서는 그때그때 상황에 따라서 다 다르게 강의한다는 것이다. 예를 들어, 나는 50분 강의에 PPT 슬라이드는 언제나 50~60장을 준비해 가지만, 강의할 때는 청중들의 수준, 호응도, 피로도, 돌발 상황 등을 고려하여 어떤 강의는 20장, 어떤 강의는 35장만 슬라이드를 사용한다. 이 방법 이외에 내가 쓰는 방법들은 다음과 같다.

첫째, 철저하게 강의 계획하기

나는 특히 처음 하는 강의는 꼭 리허설을 해보고 강의에 나간다. 슬라이드를 한 장씩 넘겨 가며, 리허설을 하면서 시간도 점검한다. 이렇게 리허설을 해봐야 내가 머릿속으로 생각하던 말들이 실제로 강의장에서 어떻게 들리는지 알게 되고, 시간도 효율적으로 조절할 수 있다. 요즘은 스마트폰이 있으니 리허설할 때 스마트폰을 이용해서 시간도 체크하고, 때로는 음성으로 내 목소리를 녹음도 하면서 리허설에 활용할 수 있다.

둘째, 스마트 워치를 이용한 타이머 설정하기

강의 중 손목시계를 자주 보는 것이 청중들의 집중에 방해가 되는 것 같아서 나는 손목에 차는 스마트 워치를 50분에 진동이 오도록 설정하여 교육 시간을 지키려고 노력한다. 손목으로 오는 진동과 내가 미리 예행 연습해 본 강의 흐름과 비교해 가며 강의를 진행해 나가면, 강의 중 시간 관리에 많은 도움이 된다.

셋째, 비상사태에 대비해서 교육 시작 전 여유시간 확보하기

갖가지 비상 상황*(노트북이 안 켜진다. 강의실 전원이 안 들어온다. 인터넷이 안 된다)*에 대비하기 위하여 여유시간을 반드시 확보한다. 나는 반드시 강의 30분 전에는 도착하여 기자재들을 점검한다. 그리고 만약 강의실 기자재들이 작동이 안 되면, 그때는 내가 가지고 온 개인 노트북에 HDMI 연결 또는 USB 등으로 강의를 진행한다.

특히 내가 만든 자료와 강연장 파워포인트의 버전이 맞지 않을 때가 많은데, 그러면 동영상이 작동되지 않을 때가 있으니 꼭 동영상을 미리 재생해 봐야 한다. 이후 추가로 강사 노트북 연결을 추천한다.

그리고 강의 시간 중에도 5분 정도의 여유시간을 확보해 두어야, 강

의 중에 생기는 비상 상황에 대비할 수 있다. 만약 비상 상황가 생기지 않으면 이 여유시간에는 교육생과의 친밀감 형성을 위한 Q&A, 퀴즈 등으로 다양하게 활용하면 된다.

강의 대본을 먼저 쓰라

이형모

대본이 있어야 비로소 말을 제대로 하고 있는지를 점검할 수 있으며, 구조가 제대로 잡혔는지, 논리적인지, 모든 흐름을 검토할 수 있다. 또한, 질문이나 애드리브가 대본에 포함되어 있다면 예상되는 청중의 반응까지도 예측할 수 있으며, 분량을 쉽게 계산할 수 있다. 강의 분량은 실제로 하는 말의 길이에 달려 있으며, 그 점을 알 수 있는 것이 바로 대본이다. 강의 시간 조절 또한 대본으로 가능하며, 추가할 부분과 뺄 부분도 정확하게 계산할 수 있다.

대본이 있으면 PPT를 훨씬 효과적으로 활용할 수 있다. 대본, 즉 이야기가 있으면 그 이야기의 전달력을 최상화시킬 수 있는 것이 PPT의 기능이다. 강의를 듣는 사람을 명확히 파악하고 주제를 조정해야 하며, 강사가 좋은 강의를 하더라도 청중이 이해하지 못하면 그 강의는 좋은 강의라고 볼 수 없을 것이다.

강의 내용을 미리 정리하고 청중들의 분위기와 환경을 파악하여 계획서를 작성함으로써 강의 시간을 효율적으로 분배하고, 각 주제에 할당할 시간을 설정한다. 연습을 통해 강의가 너무 길어지지 않도록 하며, 불필요한 내용을 줄이고 핵심을 간결하고 명확하게 전달하여 시간을 절약한다.

강의 자료는 청중의 특색에 맞게 준비하여 강의 시간을 낭비하지 않도록 하고, 청중에게 질문, 토론, 그룹 활동 등을 통해 적극적으로 참여를 유도하여 강의에 몰입할 수 있게 한다. 또한 강의 도중 예상 시간 대비 진행 상황을 확인하여 남은 시간을 조절하고, 예상치 못한 상황에 대비해 예비 시간을 확보한다. 강의 자료는 미리 준비하여 강의 시간을 절약하고, 원활한 강의 진행이 이루어질 수 있도록 해야 한다.

강의 내용을 충분히 연습하고 준비하여 강의 시간을 효율적으로 활용하고, 이러한 전략을 통해 강의 시간을 효과적으로 관리할 수 있을 것이다. 청중들의 피드백을 받아 강의 내용을 개선하고, 시간 관리 비법을 활용하면 강의를 더욱 효과적으로 진행할 수 있다.

강의의 궁극적인 목표는 강의를 통한 청중의 변화이다. 그러나 대상이 명확하지 않을 때 강의는 길을 잃고 중심을 잡지 못하게 된다. 결국 강사는 혼자 떠드는, 공유되지 않는 자기 말만 하게 되는 강의로 전락하게 된다. 따라서 청중을 명확하게 정의할 수 있어야 하며, 수준이 비슷한 사람들끼리 모여야 청중의 만족도가 높아질 것이다.

2

학습자와의 신뢰 구축 방법

학습자와 강사가 소통하는
참여형 강의 구조로 세팅하라

김성희

사람이 상대방에게 호감을 느끼는 시간은 단 몇 초라는 연구가 있다. 생각보다 매우 짧은 순간이 아닐 수 없다. 그러나 상대가 안전한지, 위험한지는 아주 오래전부터 인간의 생존에 매우 중요한 정보이기 때문에 모든 감각을 총동원하여 되도록 빠른 시간에 처리되어야 하는 것이 너무도 당연한 일이기도 하다. 현대 사회는 이전의 원시사회와는 다른 생존 형태를 가지고 있긴 하지만 여전히 우리는 상대에 대해 안전한지, 믿을 수 있는지를 본능적으로 가려내고 있으며 이는 매우 중요한 삶의 태도이기도 하다.

이와 마찬가지로 학습자의 측면에서 보자면 강의는 시간을 투자하고 강사와 소통하면서 정보를 전달받아 결과적으로 자신의 변화를 허락하는 특별한 사건이 된다. 따라서 전달자인 강사가 안전한지, 신뢰할 수 있는지를 감자하는 것은 너무도 당연한 일이 될 것이고, 이는 학습의 결과에 영향을 미치는 것이기도 하다. 강사는 이 당연한 내용을 진지하고 신중하게 검토해야 할 것이다.

호감과 신뢰의 과정은 학습자가 중심이 되어야 함은 두말할 나위가 없다. 따라서 강사는 학습자가 강사에 대해 안전함과 호감을 느끼고 더 나아가 신뢰감을 가질 수 있도록 준비되어 있어야 한다. 인간적 호감이나 신뢰감뿐만 아니라 강사로서의 호감과 신뢰감을 구축하는 것이 중요하다.

그렇다면 신뢰할 수 있는 강사의 조건은 무엇일까?

청중 앞에 서 있는 강사를 떠올려 보자. 먼저 강사의 자신감 있는 눈빛과 태도, 안정된 목소리와 톤은 믿음을 갖게 해 줄 것이다. 그리고 명확하고 분명한 어조와 간결하고도 논리적으로 이야기를 끌어나가는 모습에서 신뢰감을 느끼게 될 것이다. 강의가 진행되는 동안 학습자는 부지런히 인지적 처리를 하고 심리적 경험을 한다. 강사의 전문성이 드러나는 순간이다. 얼마나 정확하고 의미 있는 정보를 알려주는지, 얼마나 내용이 논리적인지, 이해하기 쉽게 설명하는지 등을 알아차리게 된다. 그런 요소들이 하나로 딱 맞아떨어질 때 지적 호기심이 충족되면서 만족감을 느끼게 되고 그것은 곧 신뢰감으로 이어진다. 따라서 강사는 전문적인 지식을 바탕으로 적절한 내용을 전달해야 한다.

또 강의자는 학습자가 강의에 적극적이고 자발적으로 참여할 수 있도록 해야 한다. 강의는 의사소통의 한 방법이며 그것은 공감과 이해가 바탕이 되어야 한다. 강사가 친절과 배려의 태도를 보일 때 학습자는 마음을 열어 보이고 자신들의 생각을 표현한다. 강사는 진정성있는 강의로 학습자의 즉각적인 피드백을 수용하고 귀 기울이면 가야 할 방향을 알 수 있다.

혼자서 배를 끌고 갈 것이 아니라 함께 노를 저어야 항구에 도달할 수 있다. 학습자의 눈높이에 영점조절을 하면 언제나 수평을 이루어 평화로운 항해가 될 수 있다. 유능한 강사는 뱃머리에서 배의 방향을 알려주는 현명하고 신뢰할 수 있는 선장과 같다.

강의는 강사 하기 나름

김현숙

　강의를 하다 보면 내가 예상했던 대로 잘 진행되는 경우가 대부분이지만, 가끔 예기치 못한 돌발상황이 벌어져 당황스러운 경우를 접하곤 한다. 흔한 예로, 갑자기 PPT가 작동하지 않거나, 강의 전에 확인했음에도 불구하고 실전에서 동영상이 재생되지 않는 예도 있다. 또한 강의 도중 교육 참여자들이 강의에 관한 관심을 보이지 않아 어수선한 상황이 발생하기도 한다.

　발달장애인을 대상으로 강의를 할 경우, 사전에 담당 선생님과 면밀한 소통을 통해 교육 참여자들의 장애 정도, 관심사, 집중 시간을 고려하여 준비하긴 하지만, 발달장애인의 다양한 개인차로 혹시 모를 돌발상황에 대비하여 사전 소통을 통해 준비한 자료 외에도 더 폭넓은 활동 도구들을 준비해 간다. 그래서 강의장에 들어갈 때 준비물이 든 에코백을 두 손 가득 들고 들어가게 되는데, 대부분은 가져가기만 하고 사용하지 않는 경우가 많지만, 아주 드물게 그 자료들을 요긴하게 사용할 때도 있다. 그럴 때는 '이 자료를 안 가져왔으면 어쩔 뻔했을까?'라는 생각에 안도의 한숨을 남몰래 내쉬기도 한다.

이번에는 어느 중학교에서 했던 4회기 강의에 관해 이야기해 보려 한다. 중학교 2학년 강의였는데, 첫 번째 시간에는 도저히 강의를 진행할 수 없을 정도로 어수선하고 나의 목소리조차 들리지 않을 정도로 각자의 이야기가 많았다. 그래서 강의 방법을 바꾸어 관련 동영상을 보고 이야기 나누는 방식으로 바꿨지만, 역부족이었다. 그 속에서도 나의 이야기에 귀 기울이려 노력하는 3명 정도의 학생이 군데군데 눈에 띄어 용기를 잃지 않고 겨우 마칠 수 있었다. 강의를 마치며 "이런 분위기에서는 수업에 참여하고 싶은 친구가 참여할 수 없으니, 수업에 참여하고 안 하고는 각자 결정할 일이지만 다음 시간에는 참여하고자 하는 친구의 의사를 존중해주길 부탁한다."라고 당부하고 왔다.

두 번째 시간에는 마이크도 챙기고, 무거운 마음으로 강의를 시작했는데, 마이크가 필요 없을 정도로 조용해도 너무 조용하였다. 질문해도 대답도 없이…. 그래서 끝날 때 또 다른 부탁을 하였다. "지난 시간에 부탁한 것을 잘 지켜주어 오늘은 지난 시간보다 잘 마칠 수 있어 고맙다. 그런데 대답이 너무 없어 나 혼자 약간 민망하니, 다음 시간에는 이 분위기에서 대답과 자신이 하고 싶은 이야기를 해주길 부탁한다."라고 재차 당부했다.

세 번째 시간에 걱정 반 기대 반으로 갔는데, 그날은 드디어 아주 정상적인 강의가 가능해졌다. 학생들은 강사에 대한 예의를 지키며 경청하였고, 친구들에게 방해되지 않도록 자제하는 모습이 그대로 전해졌으며 질문에 대한 답이나 자신들의 이야기를 자유롭게 하는 재미있는 강의가 되었다. "이렇게 재미있는 강의를 할 수 있게 해주어 고맙다. 마지막 시간에도 잘 마무리할 수 있을 것 같아 기쁜 마음으로 다음 시간을 준비할 수 있을 것 같다."라는 말을 해줬다.

드디어 마지막 강의 날, 지난 시간과 별반 다르지 않게 서로 유쾌하게 강의를 마무리하고 소감문을 적는 시간을 가졌다. 집에 와서 소감문을 읽으며 그 학생들의 얼굴 하나하나가 떠오르며 눈물이 핑 돌았다. 소감문의 내용은 대략 이러하였다.

"우리가 이렇게 떠드는데도 야단치지 않은 선생님은 처음이다.", "우리한테 부탁하는 선생님이 마음이 착한 것 같다.", "선생님이 우리를 존중해주니까 나도 존중해야겠다."라고 적혀 있었다.

진정성 있는 소통은 강사와 학습자의 마음을 연결하는 통로

백세영

강의에서 학습자와 신뢰를 쌓는 것은 강의의 깊이를 더하고 학습자들과의 관계를 형성하는 중요한 과정이다. 그 중심에는 진정성 있는 소통이 있다. 신뢰가 형성될 때, 강의는 단순한 수업을 넘어선 깊이 있는 배움의 시간이 된다.

먼저, 진정성 있는 자기소개로 시작한다.

강의를 시작할 때 간단한 자기소개를 하고, 내가 왜 이 주제에 열정을 가졌는지 솔직하게 이야기하는 것이다. 청중도 그 진심을 느끼기 마련이다. 나는 종종 강의 초반에 내가 강의하면서 겪었던 실수나 어려움을 공유하곤 한다. 한 번은 강의 도중에 중요한 자료가 날아 가버린 경험을 이야기하며 "그날 제 심리 상태가 얼마나 흔들렸을지 여러분도 심리학적으로 분석해 보세요!"라고 웃음 섞인 농담을 했는데 그 순간 서로가 더 가까워지는 것을 느꼈다. 완벽한 강의란 없다는 것을 인정하고, 실수를 기회로 삼으면 청중과의 라포(Rapport)가 훨씬 더 빠르게 형성된다.

기대치를 명확히 설정한다.

강의가 어디로 향하는지 학습자들이 알게 되면, 그들은 더 안정감을 느끼고 몰입할 수 있다. 한 번은 심리학 개론 수업을 맡았을 때, 주제가 너무 광범위해서 수업의 주요 주제와 그 주제들이 실제로 어떻게 적용될지 미리 설명해 주었다. 그 덕분에 학생들은 수업이 어디로 가고 있는지 명확히 이해하고, 강의 내용에 더 집중할 수 있었다. 학습자가 "아, 이걸 배우면 나중에 이런 데에 쓸 수 있겠구나!" 하고 미래를 그려볼 수 있도록 돕는 건 매우 중요한 부분이다.

마지막으로 학습자의 성장에 진심으로 관심을 가진다.

강의 후 청중에게 추가적인 조언을 하거나 개별적으로 이야기를 나누는 것은 신뢰를 형성하는 좋은 방법이다. 나는 강의 후에 관심 있는 학생들이나 따로 찾아오는 학생들과 시간을 내어 진로 상담을 해주거나, 관련 학습 자료를 추천해 주기도 한다. "여러분이 정말 원하는 길을 찾길 바란다."라는 진심을 전할 때, 학습자들은 내가 그들의 성장을 진심으로 응원하고 있다는 것을 느끼게 된다. 그 순간 강사에 대한 신뢰는 더 깊어질 것이다.

이처럼 강사와 학습자 간의 신뢰를 쌓는 과정은 시간이 걸리지만, 그만큼 큰 보상을 가져온다. 학습자가 신뢰를 바탕으로 강의에 몰입하면, 수업은 활발한 소통의 장으로 변하게 된다. 나아가 그 신뢰는 학습자가 지식을 효과적으로 습득하고 성장할 수 있는 든든한 토대가 된다. 결국 진정성 있는 소통이 강의의 성공을 좌우한다. 학습자와의 마음을 연결하는 그 순간이 바로 강의가 살아나는 순간인 것이다.

신뢰는 청중의 변화를 유도하는 힘이다.

배혜숙

강사로서 학습자와의 신뢰 구축은 학습 성과를 높이는 중요한 과제이다. 신뢰는 학습자가 자발적으로 학습에 몰입할 수 있는 토대를 제공한다.

첫째, 공감과 이해를 바탕으로 소통하는 것이 신뢰 구축의 시작이다. 학습자의 감정과 상황을 이해하고 공감하는 태도는 신뢰 형성에 중요한 역할을 한다. 학습자가 어려워할 때, 관심을 가져주면, 그들은 존중받고 있다고 느끼기 때문에 신뢰가 형성된다.

둘째, 일관성 있는 행동이 신뢰 형성에 중요하다. 일관된 행동은 학습자에게 안정감을 주며, 신뢰를 형성하는 핵심 요소다. 강의 방식, 평가 기준 등에서 일관성을 유지하면 학습자는 수업에 더욱 집중할 수 있다.

셋째, 개별 맞춤형 피드백은 신뢰를 강화한다. 학습자 각자에게 구체적인 맞춤형 피드백을 제공하면 교수에 대한 신뢰가 깊어진다. 진정성 있는 피드백은 학습자와 교수의 관계를 강화하는 중요한 요소이다.

넷째, 질문을 자유롭게 할 수 있는 환경이 필요하다. 학습자가 편하게 질문할 수 있는 환경을 조성하고, 그 질문을 진지하게 받아들이는 것은 신뢰 구축에 매우 중요하다. 이를 통해 학습자는 자신이 존중받고 있다고 느끼고, 수업에 더 적극적으로 참여하게 된다.

다섯째, 투명한 의사소통이 신뢰를 높인다. 수업 목표와 평가 방법 등을 투명하게 공개하면 학습자는 교수의 공정성을 신뢰하게 된다. 명확한 의사소통은 학습자의 수업 이해도를 높이고 신뢰를 강화한다.

여섯째, 지속적인 피드백과 지원이 신뢰를 지속시킨다. 학기 동안 지속적인 피드백과 지원을 제공하면 학습자는 교수의 꾸준한 관심과 지지를 느끼게 된다. 이를 통해 학습자는 교수와의 신뢰를 더 깊이 쌓아가게 된다.

이러한 방법들을 통해 교수는 학습자와의 신뢰를 효과적으로 구축할 수 있으며, 이는 학습자가 더 적극적으로 학습에 참여할 수 있는 기반이 된다.

공감하며 소통하고 교육생을 지지하고 격려하라

이남희

'칭찬은 고래도 춤추게 한다.'는 말이 있다. 강의의 효과를 극대화하고 학습 참여를 높이기 위해 학습자와의 신뢰 구축은 중요 부분이다. 신뢰가 없으면 학습자들이 강의 내용에 집중하기 어려울 수 있기 때문이다.

첫째, 교육생과 진정성 있게 소통하라.

교육생들과 진솔하고 투명한 대화를 나누는 것이 중요하다. 강사 자신의 경험을 공유함으로써 이론만이 아니라 실제 경험을 이야기할 때 신뢰감을 줄 수 있다. 또한 교육생들의 질문에 명확하고 구체적으로 답변하며 강사가 진심으로 답변하면 교육생과의 신뢰를 형성할 수 있다. 진심은 통하기 때문이다.

둘째, 교육생의 말에 적극적으로 경청하라.

교육생들의 의견을 적극적으로 경청하고, 그들의 피드백을 존중하며 반영하려는 태도는 신뢰 형성에 큰 도움이 된다. 경청은 단순히 듣는 것을 넘어 학습자와의 소통과 교감을 강화하는 역할을 한다. 교육생이 말할 때 눈을 맞추고 고개를 끄덕이며 미소 짓거나 진지한 표정의 비언어적 표현을 사용하여 교육생의 이야기에 관심을 기울이고 있다는 표현이 교육생들이 스스로 존중받고 있다고 느끼면 더 신뢰를 갖게 된다.

셋째, 강의의 전문성을 제공하라.

강사가 전문성을 갖추고 있다는 점을 보여주는 것도 신뢰 형성에 중요합니다. 정확한 정보를 제공하고, 모르는 것은 솔직하게 인정하며 학습자들에게 최상의 답변을 제공하려는 자세가 필요하다. 최신 뉴스나 논문, 통계 데이터를 사용하여 강의의 전문성과 객관성을 보일 수 있고 현재의 흐름에 맞는 교육을 제공할 수 있다.

넷째, 개인적 관심과 지지다.

교육을 초기에 간단한 대화를 통해 교육생이 교육을 통해 달성하고자 하는 목표나 개인의 필요를 파악하고 관심을 보이고 그들의 성장을 진심으로 응원하는 모습을 보여주면, 교육생들은 더 신뢰를 갖고 강사에게 의지할 수 있다.

일관성 있게 행동하라

이형모

성실하고 일관성 있는 행동은 책임감 있고 신뢰할 수 있는 태도를 의미한다. 이는 약속이나 의무를 충실히 지키고 일관성 있게 행동하여 타인에게 의지할 수 있는 존재가 되는 것을 포함한다. 성실하고 일관성 있는 행동을 위해서는 시간을 철저히 준수하고 약속을 성실히 이행하며, 일관된 방식으로 업무를 처리하는 것이 중요하다. 또한 행동에 대한 책임을 지고 타인과 원활하게 소통하는 것이 필수적이다. 이러한 성실함과 일관성은 타인에게 신뢰와 존경을 받게 하며, 궁극적으로는 성공적인 강의를 이끌어낸다.

개방적이고 솔직한 대화 방식은 상대방과의 원활한 소통을 가능하게 하며, 상호 간의 신뢰를 쌓는 데 기여한다. 감정을 숨기지 않고 솔직하게 표현하는 것이 중요하며, 거짓말이나 속임수는 장기적으로 더 큰 문제를 초래할 수 있다. 피드백을 받아들일 때는 열린 마음으로 수용하고, 비판을 수용하는 자세를 가져야 한다. 모호한 표현은 오해를 불러일으킬 수 있으므로 명확하고 간결하게 소통해야 한다. 상대방의 의견을 경청하고 이해하려고 노력하며, 질문을 통해 더 깊은 이해를 추구한다면 강의 효과는 더욱 높아질 것이다.

존중과 이해는 서로 다른 관점과 경험을 가진 사람들 간의 대화에서 중요한 역할을 한다. 이는 상호 간의 차이를 인정하고 존중하는 것을 의미하며, 상대방을 존중하기 위해서는 그들의 생각과 감정, 경험을 인정하고 받아들이는 것이 필요하다. 상대방의 의견을 비판하지 않고 그들이 자신을 표현할 수 있는 안전한 공간을 제공하는 것이 중요하다. 이해는 상대방의 관점을 공감하고 이해하는 것을 의미하며, 이를 통해 상대방의 감정과 생각을 깊이 이해하고 더 깊은 관계를 형성할 수 있다.

존중과 이해는 대화에서 신뢰를 증진시키고, 대화를 건설적이며 유익하게 만들어 좋은 관계를 형성한다. 내가 타인을 존중할 때, 나 역시 존중받게 된다. 존중받기 위해서는 먼저 타인을 존중해야 하며, 청중은 학벌, 나이, 성별에 관계없이 모두가 존중받아야 할 하나의 인격체임을 잊지 말아야 한다. 나를 들어주는 사람이 없다면 내 강의는 아무런 의미가 없을 것이다. 존중의 기준은 명확하지 않지만, 강사와 청중 간의 상호 신뢰는 적절한 존중의 형태일 것이다. 어린 청중에게도 존대해야 하며, 그러한 존대가 나의 가치를 높여줄 것이다. 기존의 존중이 저하되지 않도록 지속적으로 노력해야 한다.

강사는 청중의 가려운 부분이 어디인지를 먼저 찾아 긁어줄 수 있을 정도로 다양한 지식과 경험을 갖추어야 한다. 무심코 던진 말 한마디가 불쾌감을 줄 수 있으므로, 강사는 항상 바른 언행을 지키고 강의 분위기의 질적 향상을 위해 최선을 다해야 한다. 청중의 발언과 생각을 항상 중요하게 여기고 진지하게 받아들이며, 그들의 능력을 인정하고 참여에 감사의 마음을 표해야 한다. 또한 청중에게 칭찬을 통해 자신감을 심어주는 습관을 기르는 것이 필요하며, 칭찬도 상황에 맞게 적절히 사용해야 한다.

유능한 강사라고 하더라도 가끔은 청중의 입장이 되어 교육생의 마음을 느낄 수 있다. 이때 자신도 모르는 청중의 마음을 이해하게 된다면 신뢰를 갖춘 좋은 강사가 될 수 있을 것이다.

3

학습자의 성과를 인정하는 방법

자유로운 속에서 긍정적인 개성과 능력으로
삶의 힘을 만드는 방법은?

강혜원

　초등학생들은 발명 마술 수업을 정말 다채로운 경험으로 받아들인
다. 학생들의 생김새나 성격이 다르듯이, 학습 방식의 다양함으로 능동
적으로 참여하고 질문을 던지며 적극적으로 학습하는 학생들이 있지만,
조용히 관찰하고 생각을 집중하는 학생들도 있다. 이런 다양한 학습 스
타일을 이해하고 존중하며, 능동적으로 참여하는 학생들에게는 더 많은

질문과 실습 기회를 제공하고, 관찰하는 학생들에게는 그들이 생각하는 바를 표현할 수 있는 시간을 주는 것이 좋다.

또한 각 학생의 반응을 주의 깊게 살펴보며 그에 맞는 피드백을 제공하고 각자의 개성과 능력으로 성과를 만들어 낸다면, 그럴 때마다 칭찬과 격려로 학생이 성취한 일에 대해 구체적으로 칭찬해 주고 있다. 예를 들면, "이번 과제에서 정말 잘했어요!", "방법론은 이렇게도 생각할 수 있고 도출할 수도 있구나."와 같이 구체적인 피드백으로 학생들은 자신의 노력을 더 잘 이해하고 행복한 마음을 느낄 수 있도록 만드는 것이 매우 중요하다는 것을 '강의자' 스스로 느낄 수 있었다.

강의 목표를 끝까지 들은 학생들에게 상장 및 인증서를 수여하여 성과를 공식적으로 인정하고 성취감을 느낄 수 있도록 하며, 더 나아가 동기부여를 통해 학습 운영을 효과적으로 만들어 보니 학생과 학부모의 진지한 학습 참관 의식도 달라지는 것을 알 수 있다. 그중 뛰어난 학생들에게 전시 및 발표 기회를 제공하여 학생이 만든 작품이나 프로젝트를 전시하거나 발표할 기회를 제공하는 것도 성과를 인정하는 좋은 방법이다. 이를 통해 학생은 자신의 노력을 다른 사람들과 공유할 수 있도록 성과의 목적을 본인의 성취감으로 형성하게 만들고 이끌 수 있도록 하는 것이 수업의 최종 포인트라고 생각한다. 그로 인해 학생은 긍정적인 피드백을 제공받아 자신감을 가질 수 있도록 도와주며, '너의 노력 덕분에 이렇게 좋은 결과가 나왔어.'와 같은 경험이나 관점의 교수법으로 강의를 진행하고 있다.

강의자로서의 가장 중요한 중심은 매번 수업 중에 학생들이 어떻게 반응하는지를 관찰하고, 그에 따라 수업 방식을 조정하는 것이다. 그렇게 하면 학생들이 더욱 흥미를 느끼고, 창의적인 발명 마술을 통해 새로운 아이디어를 탐구하며, 기회를 제공할 수 있는 학습의 의미에 최선의 목적을 두고 있다.

인정은 칭찬이다

김수연

나는 학습자의 성과를 인정하는 방법으로 칭찬과 격려를 활용한다. 학습 성과를 이룬 학습자에게 구체적인 칭찬을 전달하고, 그들의 노력과 성취를 인정하는 것은 동기 부여와 자기 효능감에 긍정적인 영향을 미친다고 믿는다. 칭찬은 학습자가 자신의 성취를 인정받는 기회를 제공하여 자신감을 높여주며, 격려는 목표를 향해 나아갈 힘을 주고 지속적인 노력을 할 수 있도록 장려하는 중요한 요소가 된다.

칭찬을 통해 성과에 따라 작은 선물과 같은 보상을 제공하는 것도 효과적이다. 이는 학습자에게 동기를 부여하고, 그들이 다음 단계로 나아갈 수 있는 자극을 제공한다. 또한 때로는 학습자의 성과에 대해 구체적이고 건설적인 피드백을 제공하는 것이 중요하다고 생각한다. 이러한 피드백은 성과자들이 자신을 돌아보고 발전할 기회를 제공한다.

이러한 방법들이 성과를 이룬 학습자들에게 자존감을 높이고, 지속적인 학습과 발전을 촉진하는 데 이바지할 수 있다고 나는 확신한다. 칭찬과 격려는 단순히 성과를 인정하는 차원을 넘어, 학습자와 강사 간의 신뢰와 존경을 기반으로 한 관계를 구축하는 데에도 중요한 역할을 한다. 긍정적인 피드백은 학습자가 느끼는 스트레스를 줄이고, 정신적인 안정을 유지하는 데 도움을 줄 수 있다. 지속적인 격려는 실패를 학습의 기회로 인식하게 하여, 학습자에게 자기 발전을 촉진하는 중요한 동력이 될 수 있다.

결국 칭찬은 단순한 긍정의 표현이 아니다. 그것은 학습자가 자신의 가치를 인식하고, 새로운 도전을 향해 나아갈 수 있도록 이끄는 힘이다. 나의 강의에서 학습자들이 칭찬과 격려를 통해 더욱 성장하고 발전하는 모습을 볼 때마다, 나는 이 과정이 얼마나 중요한지를 다시금 깨닫게 된다. 인정은 칭찬이며, 그것은 학습자들의 미래를 밝히는 중요한 열쇠가 된다.

학습자의 성과를 진심으로 인정하고 격려할 때, 학습자는 성장한다

김순복

강의 중 학습자의 성과를 인정하는 것은 효과적인 보상 방법 중 하나다. 학습자들은 자신의 노력이 가치를 인정받을 때 더욱 동기부여를 받아 학습에 대한 긍정적인 태도를 유지할 수 있으므로 강사가 반드시 활용해야 하는 방법이다. 예를 들어, 질문에 대한 답을 했는데 아무런 반응 없이 그냥 다음 수업으로 넘어가 버리면 애써 대답한 학습자는 실망하게 되어 다음 학습에 대한 집중도가 떨어질 수 있다. 성과를 인정하는 것은 꼭 물질적인 보상을 이야기하는 것은 아니다. 몇 가지 예를 살펴보면 다음과 같다.

첫 번째 방법으로 즉각적인 피드백 제공이다. 학습자가 발표를 마친 직후 긍정적인 피드백을 통해 성과를 인정하면, 학습자는 자신의 용기가 헛되지 않았음을 느낀다. 이러한 즉각적인 반응은 학습자의 자존감이 올라가고 다음 학습에 대한 의지를 강화하는 데 큰 도움이 된다.

또한 공개적인 자리에서 학습자의 성과를 인정하는 것도 매우 효과적이다. 수업 중 우수한 성과를 거둔 학습자를 MVP로 선정해 칭찬하거나 그들의 작업을 다른 학습자들과 공유하는 방법도 좋은 방법이다.

또한 1등에게는 "1등 에이스"라고 유머 있게 말하면서 숨겨뒀던 에이스 과자를 내밀거나 예감이라는 과자를 내밀면서 "1등 할 것 같은 예감이 들었어"라고 말하면 모두 좋아한다. 이런 방식을 활용하면 재미까지 더해져 센스있는 강사가 된다. 이러한 방법은 즐거운 분위기 속에서 학습자들에게도 긍정적인 경쟁심을 유도할 수 있다. 공개적인 인정은 서로의 성과를 존중하고 격려하는 문화를 형성하게 되어 학습 분위기를 개선하는 데도 효과적이다.

10주, 15주 등 긴 교육과정에서는 학습자의 성과를 기록하여 성장과정을 시각적으로 보여주는 방법은 학습자 자신의 발전을 명확히 인식할 수 있어 효과적인 방법이다. 이러한 방법은 학습자에게 지속적인 동기를 부여하고, 학습에 대한 정성이 긍정적인 태도를 부른다. 또한 학습자 자신의 목표를 향해 나아가는 과정에 중요한 이정표 역할을 하며, 이를 통해 학습자들은 자신의 성취를 더욱 자랑스럽게 여길 수 있다.

개별적인 소통을 통해 학습자의 성과를 인정하는 방법도 있다. 학습자가 성취한 내용을 개인적으로 언급하며 그들의 노력을 칭찬하는 것은 학습자와의 유대관계가 더욱 강화된다. 이러한 개인적 소통은 강사가 개별 학습자의 성과에 관심을 기울이고 있다는 점을 보여줌으로써, 학습자는 더욱 열심히 노력하게 되고 강사와 학습자 간의 신뢰 관계가 돈독하게 형성되어 보다 더 적극적으로 참여하게 된다.

마지막으로, 강의 초기 단계에서 학습자와 함께 구체적인 목표를 설정하고 그 성취 과정을 인정하는 방법도 있다. 이러한 과정은 학습자가 자신의 목표에 대해 주인의식을 느끼게 하며, 성취감을 더욱 강하게 만든다. 이 방법은 학습자에게 자신의 발전을 자각하도록 돕고, 다음 단계로 나아가는 데 필요한 동기를 제공한다.

강사가 학습자의 성과를 진심으로 인정하고 격려할 때, 학습자는 자신의 잠재력을 발견하고 이를 실현하는 데 필요한 자신감을 얻게 된다. 따라서 강사는 이러한 전략을 통해 학습자의 성장을 지원하고, 그들의 학습 여정에 긍정적인 영향을 미치는 멘토 역할을 해야 한다. 나는 누군가의 멘토라는 사실을 잊지 말자.

학습자의 지속적인 관심과 칭찬

김순화

학습자의 성과를 인정하는 방법은 학생의 수업 과제가 발전된 연구 결과를 통해 드러난다. 나는 솔직히 중간고사와 기말고사와 같은 테스트 시험으로 결과를 판단하는 것을 싫어한다. 문제를 외우지 못했다고 하여 그 학생의 지식을 평가할 수는 없기 때문이다. 학습의 성과가 실패한 것이 아닌데도 불구하고, 우리의 성과는 대부분 시험 결과에 의해

결정된다. 이는 젊은 세대의 포기를 조기에 유도하는 지름길이 된다. 따라서 이론 시험뿐만 아니라 새로운 실기 시험 등 다양한 테스트 방법이 필요하며, 이를 통해 학습자의 성과를 정확히 파악하고 인정하며 진로를 설계해야 한다고 생각한다.

학습에 대한 성과가 결여되면 학습 당사자도 심리적으로 큰 어려움을 겪는다. 학습자의 성과를 인정하는 방법은 성과를 이룬 학습자에게 진심 어린 칭찬과 자부심, 격려의 말을 전하는 것이다. 이러한 과정은 학습자의 자신감을 높이는 데 기여한다. 또한 성과를 공식적으로 인정하는 인증서를 수여하는 것도 학습자의 동기 부여에 긍정적인 영향을 미친다. 학습자의 성과를 학교나 기관 내에서 발표하거나 게시판에 게재하여 널리 알리는 방법 또한 효과적이다.

학습자가 성과를 내지 못했을 경우, 그들에게 자신감을 부여하고 문제 해결 방안을 모색하는 것이 중요하다. 포기하지 않고 도전하여 조금이라도 발전하게 된다면, 학습자의 인생에서 전공과는 무관하게 의미 있는 경험이 될 것이라고 생각한다.

학습자의 성과에 작은 보상이나 선물을 제공한다면 수업의 효과는 더욱 배가될 것이다. 이때 작은 보상이나 선물은 성과를 내지 못한 학습자에게도 나누어 주는 것이 바람직하다. 이러한 다양한 방법으로 학습자의 성과를 인정한다면, 더 큰 동기 부여와 긍정적인 학습환경을 조성할 수 있다. 학습자의 성과는 즉각적으로 나타나지 않을 수 있지만,

시간 속에서 많은 발전을 이끌어낼 수 있는 잠재력을 지니고 있다. 시간의 필요성은 학습자에게 매우 중요하다. 성과가 빠르게 나타나는 학생과 나중에 급격히 발전하는 학생 등, 시간 속에서 변화는 다양하게 이루어진다. 현재 성과가 나타나지 않는다고 하여 미래의 학습에 도움이 되지 않을 것이라고 부정적으로 생각하지 말고, 수업의 긍정적이고 개방적인 심리를 강사는 반드시 지켜야 한다.

노인 치매 수업을 진행할 때, 나는 50대 강사님과 선생님께 마지막 50대의 학습 성과를 인정하라고 강조한다. 수업을 듣고 자신이 없다는 말 대신, "나는 못 한다."라는 표현 대신 "학습한 자신을 믿고 연구하며 스스로를 인정하라."라고 말한다. 나는 그들이 이미 성취하고 있으며, 현재 명품 강사라고 선언한다. 반복 학습과 새로운 창조적 학습을 통해 스스로를 실천하게 하여, 그들이 명품이라고 스스로 인식하도록 돕는다.

학습자의 성과는 학습자의 정신, 즉 마음을 잡는 것에 중심을 두고 실천하는 데 중점을 둔다. 노력의 자세가 학습자를 얼마나 새로운 방향으로 변화시키는지를 나는 주의 깊게 관찰한다. 무엇이 되어 있는지, 즉 목표 설정 또한 중요하다. 하지만 목표 설정을 먼저 이룬 학습자가 정신적으로 무장한다면, 부끄러움 없이 자기의 꿈을 향해 노력할 것이며 더욱 발전할 것이라고 확신한다.

동기 부여와 긍정적인 학습 환경 조성이 필수적

소경희

학교에 다닐 때, 암기를 잘하면 우등생으로 인정받았다. 그러나 마술은 단순한 암기를 넘어서, 몸으로 표현하는 예술이라는 점에서 그 접근 방식이 다르다. 같은 도구를 사용하더라도, 각 학습자는 자신만의 개성과 스타일로 마술을 표현한다. 누군가는 우아하게, 누군가는 재미있게, 또 누군가는 우스꽝스럽게, 혹은 웅장하게, 관능적이거나 귀엽게 연출할 수 있다. 이처럼 마술은 정답이 없는 예술이다. 인생에 정답이 없듯이 마술 표현에도 정답은 존재하지 않는다.

따라서 학습자의 성과를 인정하는 것은 그들의 개성을 존중하는 중요한 과정이다. 연습했지만 성과가 없다고 느낄 때, 학습자는 흥미를 잃을 위험이 크다. 이러한 상황에서 강사로서 우리는 학습자의 노력을 인정하고 지지해 주어야 한다. 그들의 성과를 격려하는 것은 긍정적인 학습 분위기를 조성하는 데 크게 이바지한다.

예를 들어, 학습자에게 연습 숙제를 내주고, 그 결과를 발표하도록 유도하는 것은 그들에게 책임감을 부여하고, 성취감을 느끼게 하는 좋은 방법이다. 발표 후에는 그들의 노력을 인정하는 조그만 선물을 준비하는 것도 훌륭한 동기부여가 될 수 있다. 이러한 작은 보상이 학습자에게 큰 힘이 될 수 있으며, 그들의 열정을 더욱 불태우게 할 것이다.

또한 노력하는 학습자에게는 성공의 그림을 보여주는 것이 중요하다. 그들이 마술을 통해 꿈꾸는 모습을 시각화할 수 있도록 도와주어야 한다. 반면, 조금 부족하더라도 늦어지는 학습자에게는 용기를 주고, 그들의 노력을 격려함으로써 지속적인 발전을 끌어내야 한다. 이 과정에서 우리는 학습자의 개별적인 필요와 성향을 이해하고, 그에 맞는 지도를 제공하는 것이 중요하다.

학습자의 성과를 인정하는 방법은 그들의 동기를 부여하고 긍정적인 학습 환경을 조성하는 데 필수적이다. 마술이라는 예술이 가진 다양한 표현 방식을 존중하고, 각 학습자가 자신만의 스타일을 발견할 수 있도록 돕는 과정은 강사로서 나의 사명이다. 이러한 노력이 모여, 학습자는 자신의 가능성을 실현하고, 마술의 세계에서 진정한 주인공이 될 수 있을 것이다.

4

예기치 않은 기술적 문제를 해결하기 위한 준비

전략은 기대하는 결과물의 수준(To be)과 현재 수준(As is)의 차이를 확인해야 한다

강혜원

　다양한 수업 진행 시, 특히 초등학생 저학년 수업에서는 매우 세심한 준비가 필요하다. 강의의 규모와 학생 수가 많을수록 강의를 진행하는 데 예기치 않은 변수가 생길 수 있으며, 초등학생들이 환경적 분위기에 따라 긴장하는 것은 매우 일반적인 현상이다. 어린 학생들은 주변의 소음, 사람들의 감정, 그리고 교실의 분위기 등 다양한 외부 요인에

민감하게 반응할 수 있다. 이러한 긴장은 학습에 영향을 미칠 수 있으며, 따라서 교사와 부모가 긍정적이고 안정적인 환경을 조성하는 것이 중요하다. 학생들이 편안하게 느낄 수 있도록 지원하기 위해 사전적으로 필요한 몇 가지 규칙을 만들고, 이를 학생들과 공유한다.

예를 들면, 침묵을 위한 신호, 시작과 멈춤을 위한 신호 등이 있다. 발명 마술 수업에서 버즈 토의 기법을 활용하여 학생들이 학습을 재미있고 효과적으로 할 수 있도록 돕는 다양한 활동이나 게임을 포함하여 수업에 집중할 수 있는 분위기를 형성한다. 또한 토론이 끝났을 때 학생들을 본래 자리로 돌아오도록 음악을 배경으로 깔아주며 음악이 멈추면 자연스럽게 수업이 진행될 수 있도록 적절한 도입으로 활용하고 있다. 이에 문제를 사전에 예측하고 대비할 수 있는 능력, 발생한 문제를 빠르게 분석하고 해결하는 능력, 그리고 학생들에게 기술적 문제를 해결하는 방법을 교육하는 능력이 모두 포함되어야 한다.

수업 중 어떠한 상황에 당면하더라도 당황하지 않고 침착하게 대처하는 것이 중요하다. 문제의 원인을 파악하고 차근차근 해결해 나가는 모습을 보임으로써 학생들에게 모범적인 문제 해결 태도를 보여줄 수 있다. 또한 학생들에게 상황을 명확히 설명하고, 문제가 해결될 때까지 잠시 기다려 달라고 요청하는 것도 좋은 대처법이다. 만약 즉시 해결할 수 없는 문제라면, 그에 따른 대체 계획*(예: 다른 수업 자료 제공, 추가 과제 등)*을 마련한다. 오히려 방법론을 교수법으로 응용하여 기술적 문제를 해결하는 과정을 학생들에게 보여주고, 문제 해결 방법을 새로운 점검표로 제공하여 학생들이 스스로 기술적 문제를 해결할 수 있는 능력을 배양할 수 있다.

학생들이 문제를 해결하는 과정에서 발생하는 오류나 해결책의 한계를 짚어 주고, 더 나은 방향을 제안하는 피드백을 제공하여 지속적인 학습을 도우며, 학생들에게 문제 해결 후 성찰의 기회를 주고, '무엇을 더 잘할 수 있었는가?', '어떻게 다른 방식으로 접근할 수 있었는가?'와 같은 질문을 통해 개선할 점을 찾도록 유도하는 방법론을 적용하기도 한다.

강사는 직접적인 해결 방법을 제시하기보다는 학생들이 문제의 핵심을 파악하고 탐구할 수 있는 질문으로 "무슨 이유로 문제가 발생했을까?"라는 말을 통해 문제의 본질을 탐구할 수 있도록 제2의 강의 전략을 사전에 계획하여 해결 방안을 모색할 수 있는 여유가 필요하다.

이 모든 과정은 사전 전략을 통해 강사가 기술적 문제를 신속하게 해결하고, 학생들의 학습 흐름을 방해하지 않으면서도 문제 해결 능력을 개발하는 데 도움을 줄 수 있다.

테스트 그리고 미리 연습하기

김수연

강의는 청중과의 소통을 통해 가치를 창출하는 중요한 과정이다. 그러나 강의 중 예기치 않은 문제들이 발생할 경우, 그 과정은 순식간에 혼란에 빠질 수 있다. 따라서 강사로서 준비해야 할 사항은 단순히 주제나 내용에 국한되지 않으며, 기술적인 요소 또한 필수적이다.

강의를 준비하는 단계에서, 여러 번 테스트하고 연습하는 것은 기본이다. 노트북, 프로젝터, 마이크 등의 장비를 사전 점검하여, 기술적인 문제로 강의가 중단되는 불상사를 방지해야 한다. 예비 기기를 준비하여 문제가 발생했을 때 즉시 교체할 수 있는 준비가 필요하다. 이러한 철저한 준비는 강사 자신에게도 큰 안정감을 제공한다.

장비에 필요한 충전기와 케이블을 준비하는 것은 필수적이다. 배터리 소모 문제를 사전에 방지하고, 긴급 상황에 대비해야 한다. 강의 장소의 기술 지원팀이나 IT 부서의 연락처를 미리 확보하여, 문제가 발생했을 때 즉시 도움을 요청하는 것도 효과적인 전략이다.

강의장에 여유 있게 도착하여, 모든 장비와 소프트웨어를 점검하는 것도 중요한 과정이다. 강의 시작 전에 모든 기능을 미리 테스트하여 예상치 못한 문제를 사전에 발견할 수 있는 시간을 갖는 것이 필요하다. 이렇게 준비된 강사는 청중에게 더 큰 신뢰를 주고, 강의의 흐름을 매끄럽게 이어갈 수 있다.

마지막으로, 어떤 기술적인 문제가 발생할 수 있는지를 예측하고, 각 상황에 맞는 대응 방안을 준비하는 것은 필수적이다. 이러한 대응 방안은 실제 상황에서 신속하게 대처할 수 있도록 돕는다. 강의는 예측할 수 없는 상황이 발생할 가능성을 항상 내포하고 있으며, 그에 대한 준비가 강사의 역량을 결정짓는 중요한 요소임을 잊지 말아야 한다.

이와 같은 준비와 전략은 단순한 기술적 접근을 넘어, 강사로서의 전문성을 더욱 부각하고, 청중과의 신뢰를 구축하는 데 이바지한다. 예기치 않은 문제에 대한 철저한 준비는 결국 강의의 성공을 이끄는 열쇠가 된다.

유연한 대처 자세 유지와 사전 점검은 필수!

김순복

강의 중 예기치 않은 기술적 문제는 누구에게나 발생할 수 있는 상황이다. 이러한 문제는 강의의 흐름을 방해할 수 있으며, 학습자에게 불편함을 줄 수 있다. 따라서 강사로서 이러한 문제를 미리 대비하는 것은 매우 중요하며, 이를 위해 가장 먼저 해야 할 일은 사전 점검이다. 그래서 처음 가는 장소는 강의 시작 1시간 전에 미리 도착해 강의를 시작하기 전에 프로젝터, 컴퓨터, 마이크, 인터넷 연결 등 강의에 필요한 모든 기술 장비를 미리 테스트하여 문제가 없는지 확인하고 있다. 이러한 사전 점검은 강의가 원활하게 진행될 수 있도록 보장하는 첫걸음이다.

또한 기술적 문제가 발생할 경우를 대비해 대체 장비를 준비하는 것도 효과적이다. 예를 들어, 주요 발표 자료를 USB 메모리에 저장하거나 클라우드 서비스에 백업해 두면 갑작스러운 컴퓨터 고장이나 소프트웨어 오류에 대처할 수 있다. 또한 예비 마이크나 프로젝터를 준비해 두면 기술적 문제가 발생했을 때 즉시 대체할 수 있어 강의의 흐름을 끊지 않고 유지하는 데 큰 도움이 된다. 또한 강의장이 어떠한 환경인지 모르므로 노트북과 연결할 수 있는 다양한 연결 잭과 변환 젠더 등을 준비해 간다. 이러한 준비는 예기치 않은 상황에서도 강사가 차분하게 대응할 수 있다.

또한 문제 발생 시 시간을 절약하고, 신속하게 문제를 해결하는 데 큰 도움이 되며, 강사와 학습자 모두에게 안정감을 제공한다.

　강사로서 자주 발생하는 문제에 대한 간단한 해결책을 미리 숙지하는 것도 필수다. 기술적 문제는 종종 간단한 해결책으로 해결될 수 있기에 화면이 나타나지 않을 때의 대처 방법이나 소리가 나지 않을 때의 문제 해결법 등을 알고 있으면 긴급 상황에서 빠르게 대처할 수 있다. 컴퓨터나 장비 활용 능력 등 강사는 팔방미인이 되어야 한다. 이러한 기본적인 기술 지식을 갖추는 것은 강사로서 자신감을 높이며, 강의 도중 발생할 수 있는 다양한 상황에 유연하게 대처할 수 있다.

　강사는 기술적 문제가 발생하더라도 유연한 대처 자세를 유지하는 것이 중요하다. 예기치 않은 상황이 발생했을 때 당황하기보다는, 침착하게 문제를 분석하고 해결하려는 태도가 전문가다운 모습으로 학습자에게 보이기 때문이다. 청중과의 소통을 통해 상황을 공유하고 대체 방안을 제시하는 것도 효과적이다. 강사가 침착한 모습을 보일 때, 학습자들은 더욱 신뢰하고 강의에 집중할 수 있게 된다.

　기술적 문제가 해결되지 않는 만약의 사태를 대비해 교안을 띄우지 않고도 강의를 진행할 수 있는 활동지 등을 준비해 수업이 유연하게 진행할 수 있도록 하는 것도 방법이다.

　예기치 않은 기술적 문제를 해결하기 위한 준비는 강의의 성공을 좌우하는 중요한 요소다. 이러한 철저한 준비는 강사가 기술적 문제로 인한 강의의 흐름을 최소화하고, 학습자들에게 더욱 원활한 학습 경험을 제공할 수 있다. 철저한 준비가 강의의 질을 높이는 요소가 되며, 강사는 이러한 준비를 통해 학습자들에게 긍정적인 학습 환경을 제공할 수 있다.

강의 중에 기술적 결함으로 동영상이 실행되지 않을 때

박동철

얼마 전에 어느 초등학교 학부모들 대상으로 강의하다가 동영상 재생이 안 되어서 당황을 한 적이 있었다. 빔프로젝터 문제일 수도 있고, 노트북 문제일 수도 있지만, 난처한 상황이 되었다. 몇 번 시도 하다가 할 수 없이 말로 설명할 수밖에 없었다. 이런 과정도 사전에 확인하지 못한 잘못된 기술적 문제다. 강의하기 전에 동영상 재생이 잘 되는지 확인했어야만 했다. 물론 하루 전날 학교에 가서 빔프로젝터와 영상, 음향, 마이크 테스트를 했고, 이상 없다고 판단하였다. 하지만 동영상 재생이 안 될 줄은 전혀 예상치 못했다. 나중에 알고 보니까 빔프로젝터는 오래된 제품이라서 신형 노트북하고 호환이 안 되어서 일어난 경우였다. 이런 경우에는 구형 노트북을 연결하면 쉽게 해결할 수 있는 문제였다.

위에 내용처럼 갑자기 기술적인 문제가 발생할 수가 있기에 사전에 철저하게 확인해야 한다. 간혹 마이크가 안 되는 경우는 자주 있지만, 호환이 안 되어서 동영상 재생이 안 되는 경우를 처음으로 당하다 보니까, 아쉬움이 너무 많았던 강의였다. 실수하지 않고 성공적인 강의를 위해서는 나만의 확인 작업이 필요하며, 강의 시작 전에 일찍 도착해서 필요한 장비, 도구 등 기술적인 점검을 마쳐야 한다. 흔히 발생하는 마이크와 충전 전지가 들어가는 제품은 새것으로 미리 바꾸거나 여분으로 준비를 해놔야 한다.

구체적으로 기술적인 문제는 강의 시작 전에 빔프로젝터, 마이크, 컴퓨터, 노트북, 커넥터, 케이블, 스피커, 포인트 등을 점검하고 USB를 이용한다면 정확한 위치에 꽂아서 필요한 소프트웨어와 파일이 적절하게 설치되어 있고, 상호 버전에 맞는지 확인해야 한다. 그리고 가상적인 문제일 수 있지만, USB가 잘못되어서 파일이 에러 나는 경우를 대비해서 웹 클라우드 서비스에 업로드하여 저장하는 방법도 유용하게 사용된다.

또 다른 방법은 강의 시작 전에 담당자와 상의해서, 각종 기기 사용법을 충분히 숙지하고, 연락처를 메모해 놓고 불가피할 경우는 신속하게 연락해서 기술 지원팀의 조치를 받는 것이 더 바람직하다. 물론 사소한 기본적 문제는 강사 자신이 어느 정도 해결 능력을 갖추고 있어야만 한다. 컴퓨터 연결, 스피커 연결, 빔프로젝터 작동법 등 이 정도는 척척 할 줄 알아야만 원활한 강의를 진행할 수 있다. 그리고 강의 중에 기술적인 문제가 발생했을 때는 당황하지 말고, 바로 문제해결이 안 되는 것 같으면 학습자에게 상황 설명을 하고 대기 시간을 주거나, 다른 학습을 할 수 있도록 양해를 구하는 것도 좋은 방법이다. 사전에 이러한 대비책을 통해서, 예상치 못한 상황에서도 적절하게 잘 대응해서 강의를 진행하는 능력을 갖추어야 훌륭한 강사라고 할 수 있다.

기술 문제, 미리 준비하고 신속하게 해결하자

배혜숙

기술적 문제는 언제든지 발생할 수 있으며, 이를 해결하는 능력은 개인과 조직에 있어서 매우 중요하다. 기술은 우리의 업무와 일상에 깊이 통합되어 있지만, 그만큼 예기치 않은 오류나 장애가 발생할 가능성도 높다. 이러한 문제는 강의의 흐름을 방해할 수 있기 때문에, 사전에 준비하고 효과적으로 대응하는 것이 필수적이다. 기술적 문제를 예측하고 대비하며, 발생했을 때 신속하게 해결하는 방안에는 다음과 같은 것들이 있다.

첫째, 예기치 않은 기술적 문제를 이해하는 것이 중요하다. 기술적 문제는 예상하지 못한 상황에서 발생할 수 있다. 예를 들어, 강의 중에 인터넷 연결이 끊기거나 전자 기기가 오작동할 수 있다. 이러한 상황에 대비해 자주 발생하는 문제 유형을 파악하고, 그에 대한 해결책을 미리 준비하는 것이 필요하다.

둘째, 다양한 대안을 마련해야 한다. 기술적 문제가 발생할 때 단일 해결책에 의존하기보다는 여러 대안을 준비하는 것이 효과적이다. 예를 들어, 발표 자료를 클라우드에 저장하더라도, 인터넷 문제에 대비해 USB에 자료를 별도로 저장해 두는 것이 좋은 방법이다.

셋째, 사전 테스트와 시뮬레이션을 반드시 수행해야 한다. 기술 장비를 실제 상황에서 사용하기 전에 미리 점검하고 테스트하는 것이 중요하다. 예를 들어, 온라인 강의를 준비할 때, 비디오와 오디오가 제대로 작동하는지 미리 확인하면 예기치 않은 문제를 예방할 수 있다.

넷째, 문제 발생 시 차분하게 대응하는 것이 중요하다. 기술적 문제가 발생했을 때는 당황하지 않고 침착하게 대처해야 한다. 예를 들어, 실시간 강의 중에 인터넷이 끊기면, 학생들에게 잠시 기다려 달라고 요청한 후 신속하게 해결책을 찾는 것이 필요하다.

다섯째, 문제 발생 후에는 원인을 찾아서 개선해야 한다. 문제가 발생한 후 그 원인을 분석하고 해결 방안을 마련함으로써 비슷한 문제가 반복되지 않도록 해야 한다. 이를 통해 장기적으로 안정적인 기술 환경을 조성할 수 있다.

기술적 문제는 준비에 따라 잘 해결할 수 있다. 문제를 이해하고, 다양한 대안을 마련하며, 사전 테스트와 차분한 대응, 그리고 사후 분석을 통해 예기치 않은 문제가 생겼을 때, 효과적으로 대처할 수 있다.

다양한 대안을 미리 준비한다

소경희

강의는 때때로 예기치 못한 여러 돌발 상황을 맞이하게 된다. 특히 기술적인 문제가 발생할 경우, 강사는 당황하지 않을 수 없다. 그러나 깊이 생각해보면, 사전에 충분히 대비하고 준비를 해둔다면 이러한 상황을 어렵지 않게 극복할 수 있다.

몇 달 전, 한국강사연합회에서 마술 관련 줌 발표를 하게 되어, 전주 강사들의 모임에 노트북을 지참하고 실제 줌 수업을 시뮬레이션해 보기로 하였다. 설치 과정에서 부품의 호환성 문제로 어려움을 겪었다. 내 노트북은 오래된 기종이었고, 강의실의 컴퓨터는 최신형이어서 연결이 되지 않았다. 결국 원장님의 노트북에 USB를 꽂아 실행하기로 결정하였다. 다른 부분은 잘 작동했으나 영상이 나오지 않는 문제가 발생하였다. 여러 번 시도하였지만 해결되지 않아, 마술 동영상은 제외하고 나머지 자료만 PPT로 화면을 보면서 강의를 진행하였다. 그 후 내 노트북으로 진행한 줌 강의는 무사히 성공적으로 마칠 수 있었다.

학교 체험학습 수업을 위해 방문했을 때, PPT와 동영상을 재생해야 했으나, 내 노트북과 유사할 것이라는 막연한 기대 속에 수업을 시작했다. 그러나 교실의 컴퓨터 구조가 달라 자료를 찾지 못하는 상황이 발생하였다. 수업 마무리 전에 담당 선생님이 들어오셔서 도움을 주셔서 겨우 문제를 해결할 수 있었다. 만약 처음에 담당 선생님에게 사용법을 문의하고 시행했다면, 처음부터 매끄럽게 수업을 진행했을 것이라는 반성을 하게 되었다.

기계적인 문제를 예방하기 위해서는 수업 현장에 일찍 도착하여 컴퓨터의 영상 및 음향 상태를 점검하고, 수업에 들어가야 한다. 때때로 마이크가 작동하지 않는 경우도 있으니, 일찍 도착하여 마이크와 충전 전지의 상태를 확인하고, 필요한 경우 건전지나 충전 전지를 교체하거나 여분을 준비해야 한다. 또한, 강의 시작 전에 담당자에게 각종 기기의 사용법을 충분히 숙지하는 것도 중요하다. 컴퓨터 연결, 스피커 연결, 빔프로젝터 작동법 등은 원활한 강의를 위해 반드시 알아야 할 사항이다.

이러한 준비는 강사의 실력이며, 명 강사가 갖춰야 할 필수 조건이기도 하다. 기술적인 문제가 발생하면 강의의 흐름이 방해받기 때문에, 예측하고 문제가 발생했을 때 신속하게 해결해야 한다. 그러므로 빔프로젝터, 마이크, 컴퓨터, 노트북, 커넥터, 케이블, 스피커 및 포인터 등을 점검하고, 내 USB가 컴퓨터와 잘 연결되는지 확인하도록 하자.

온라인 강의를 준비할 때는 비디오와 오디오가 제대로 작동하는지 미리 확인하고, 총연습 방송을 진행하도록 하자. 이러한 사전 점검을 통해 부드럽고 매끄러운 강의를 진행할 수 있다.

노트북이 켜지지 않거나, 강의실 전원이 작동하지 않거나, 인터넷 연결이 불안정한 비상사태에 대비하여 여유 시간을 확보하고 기자재를 점검하는 것이 필수다. 만약 강의실 기자재가 작동하지 않을 것을 대비해 강사의 노트북은 챙겨 가야 한다.

5

강사로서의 성장과 발전

1

전문성 향상을 위한
지속적인 자기 계발 방법

구르는 돌에는 이끼가 끼지 않는다

김성희

　세상은 계속해서 발전하는 방향으로 나아간다. 학문의 영역마다 다양한 연구가 시도되고 기존의 결과들을 더 구체화하거나 새로운 사실을 밝혀내기도 한다. 지식과 정보는 양적으로 방대해지고 질적으로 깊어진다. 분야가 확장되기도 하고 융합이 이루어지기도 한다. 지금 시대에 와서는 상반되는 상황이 나타나는데, 전문성에 측면에서 세분화와 동시에 역설적으로 경계가 모호해지는 경향도 관찰된다. 이전의 지식과 정보만을 반복하면 발전은 소원해지고 답보상태에 머무르게 된다. 따라서 전문성 향상을 위한 노력은 필수적이며 자기 계발이 지속적으로 이루어져야 한다.

그렇다면 자기 계발을 위한 방법은 무엇일까?

첫째로 꼽을 수 있는 방법은 독서다. 책 속에 길이 있다는 옛 성현의 말씀처럼 진정으로 책 속에는 세상의 길이 있다. 서점에 가면 하루가 멀게 많은 책이 쏟아져 나오고 있다. 우리는 자신의 전문성을 높일 수 있는 가장 손쉬운 방법이 책을 통해서라는 것을 누구나 알고 있을 것이다. 중요한 것은 정보의 대홍수 속에서 양질의 정보를 선별하는 능력이 필요하다. 아이러니하게도 이러한 능력은 독서를 통해서 가능하다. 책에는 책을 쓴 저자의 전문적인 지식과 철학이 담겨있다. 특히 전문 서적은 더욱 그렇다. 책을 가까이하며 읽다 보면 점차로 좋은 책을 선별하는 능력과 함께 자신의 전문성을 높여줄 책을 더 잘 선택할 수 있다. 책을 통해 쌓은 안목은 세상을 읽는 눈을 더 밝게 해 준다.

또한 새로운 지식과 정보를 익히는 것을 겁내지 말아야 한다. 당장에 필요 없다고 외면하지 않고 관심을 가지는 것이 필요하다. 최근에는 전문가집단에서 재교육이나 보수교육을 통해 새로운 영역에 대해 적극적인 태도를 보이며 수용하고 있다. 열심히 교육에 참여하고 기회가 된다면 연구하라. 시간과 자본을 투자하라. 새로운 영역의 확장은 자신의 전문 분야에 대한 더 깊은 지식과 새로운 시각을 제공해 주게 된다.

전문가로서 능력을 높이는 방법은 개방적이고 미래 지향적인 태도를 지니는 것이다. 미래 사회에 관한 관심, 세대를 아우르는 사고, 융복합적인 시도 등을 두려워하지 말고 세상의 변화와 미래 산업에 눈을 뜨는 것이 중요하다. 강사의 전문성은 이러한 변화 안에서 자신만의 주제를 선택하고 다룰 수 있을 때 더욱 가치가 있기 때문이다.

마지막으로 전문성을 높이기 위한 근본적인 요소는 인간적 성장에 있다고 볼 수 있다. 강사이기 전에 한 인간으로서 폭넓은 소양을 가지도록 힘쓰고 계속해서 자신을 성장시킬 때 인간적 매력을 지닐 수 있기 때문이다. 인간적 성숙을 가진 강사야말로 타인에게 존경받는 강사로 인정받으며 강사의 전문성이 빛날 것이다.

목표 설정과 지속적인 학습의 중요성

김수연

강사로서의 전문성을 향상하기 위해서는 무엇보다 목표 설정이 필수적이다. 효과적인 목표는 달성이 가능하면서도 강의와 관련성이 높고, 시간제한이 있는 단기 및 장기 목표로 나뉜다. 이러한 목표를 설정함으로써, 한 단계씩 전문성을 향상할 수 있도록 체계적인 계획을 세운다.

현대의 청중은 학력이 높아지고, 그에 따라 강사에게 요구되는 지식의 수준도 높아진다. 따라서 나의 지식 확장을 위해 관련 분야의 책, 논문, 기사 등을 꾸준히 읽으며 최신 동향과 지식을 습득하는 데 힘쓴다. 또한 관련 분야의 전문가들과 네트워킹을 통해 경험을 공유하고 새로운 인사이트를 얻으려는 노력을 지속한다.

강의 관련 세미나나 콘퍼런스에 참석하여 최신 정보를 얻고, 전문가들과 소통하는 기회를 만들어 간다. 이러한 경험은 실제 프로젝트에 참여하여 이론을 실무에 적용해 보는 기회를 제공하며, 새로운 강의 기법을 배우는 데 큰 도움이 된다.

경험이 풍부한 멘토를 찾아 조언을 구하고, 그들의 경험을 통해 배울 기회를 만드는 것도 중요한 과정이다. 멘토에게 나의 강점과 약점을 정기적으로 평가받으며, 약점을 개선하기 위해 노력한다. 피드백을 통해 나의 강의 스타일과 성과를 점검하고, 발전할 수 있는 방향을 모색한다.

이러한 자기 계발을 위해 정기적인 시간을 확보하고, 일정을 체계적으로 관리하는 것은 필수적이다. 자기 계발 과정에서 발생할 수 있는 스트레스 관리 또한 중요하다. 운동과 명상 등의 방법을 활용하여 심리적 안정을 유지하며, 지속적으로 열린 마음으로 새로운 것을 배우려는 자세를 잃지 않기 위해 노력한다.

목표 설정과 지속적인 학습은 강사로서의 전문성을 높이는 데 핵심
요소다. 새로운 지식과 기술을 배우고, 경험을 쌓아가는 과정은 강사로
서의 성장뿐만 아니라, 청중에게 더 나은 가치를 제공하기 위한 기반이
된다. 따라서, 이러한 노력은 단순한 자기 계발을 넘어, 강사로서의 사
명에 대한 깊은 이해와 실천으로 이어져야 한다.

강사의 삶은 끊임없는 변화에서부터

김현숙

나는 원래 강사를 하려고 했던 사람은 아니다. 장애 아이를 키우며
숙명적으로 인권 옹호 활동을 하게 되었는데, 인권 옹호 활동에서 빼놓
을 수 없는 것이 인권 교육이기에, 사명감을 가지고 인권 교육을 꾸준
히 하다 보니 인권 강사가 되었던 터다. 그러다 보니 다양한 인권 현장
을 경험하게 되었고, 나 스스로 인지하지 못했지만, 그 경험들은 인권
교육을 하는 데 매우 중요한 요소로 자리 잡게 되었다.

인권 교육을 하다 보니 성과 관련된 교육도 필요하여 성교육 강사,
그 후 학교폭력 예방, 생명 존중 등 여러 분야의 인권 기반 교육을 하

게 되었다. 약 10년 전쯤에는 이런 여러 분야의 강의를 위해 자격 과정과 역량 강화를 위해 많은 시간과 노력을 쏟았다.

인권 기반이라는 것은 인권 감수성이 바탕이 되어야 한다는 것을 의미하므로, 끊임없이 인권 감수성을 키워나가기 위해 사회적으로나 개인적으로 이슈가 있을 때마다 감수성을 높이기 위해 노력하고 있다. 또한 인권에 대한 지식도 소홀히 할 수 없으므로, 끊임없는 공부가 필요하다. 현재도 인권 관련, 노동권 관련, 성교육과 관련된 세 가지 공부 모임에서 역량을 키워가고 있다.

현재 한 기관에 소속되지 않은 프리랜서 강사로 활동하다 보니 내 강의에 대한 점검이 필요하고, 빠르게 변화되는 트렌드에 발맞추려면 이러한 노력은 필수적이다. 그러나 인권 감수성과 전문적인 지식만으로는 경쟁력 있는 강사가 되기 어렵다는 것을 깨닫게 된 계기가 있었다.

2022년도, 우연한 기회에 한국강사교육진흥원을 알게 되어 회원 활동을 시작하면서부터였다. 나와 관련 있는 분야에서부터 관련 없는 분야까지 다양한 강사들의 강의를 수강하다 보니 나도 모르는 사이 강의가 업그레이드됨을 느끼기 시작했다. PPT가 달라지고, 강의 설계가 달라지며, 강의 자료가 달라지기 시작하였다. 김순복 원장님의 '동반 성장'이 바로 이런 것이구나 하고 체득하게 되었다.

내가 언제까지 강사 활동을 할지는 모르겠지만, 앞으로도 이런 변화에 발맞추어 나가다 보면 내가 강의하는 분야에서 꼭 필요한 강사가 되지 않을까 싶다.

내 삶을 풍요롭게 만드는 건강한 삶과 진정한 관계의 힘!
백세영

현대 사회에서 자기 계발은 직업적 성공과 개인적 성장을 위한 필수 요소로 자리잡고 있다. 끊임없이 변하는 기술과 트렌드 속에서 경쟁력을 유지하려면 꾸준한 학습과 새로운 기술 습득이 필수적이다. 강사로서 나 역시 전문성을 키우기 위해 다양한 자기 계발 방법을 실천해 왔다. 하지만 시간이 흐를수록 깨달은 것은 자기 계발은 단순히 직업적 역량을 높이는 것에만 국한되지 않는다는 점이다. 몸과 마음의 건강, 그리고 진정한 인간관계를 형성하는 것이야말로 내 삶을 풍요롭게 하는 자기 계발의 핵심임을 알게 되었다.

한때 나는 시간을 분 단위로 쪼개어가며 일에 몰두하던 사람이었다. 하고 싶은 일, 해야 할 일이 산더미처럼 쌓여있었다. 그러던 어느 날, 결국 과로와 스트레스로 인해 허리 디스크가 터져 119에 실려 갔다. 몸을 거의 움직이지 못하는 상태로 병원 침대에 누워 있으면서도 내

머릿속은 여전히 처리해야 할 일들로 가득 차 있었다. 한 달여간 병원에 입원해 있다가 퇴원한 지 얼마 되지 않아 또다시 응급실에 실려 가게 되었다. 이번에는 극심한 두통으로 평소 저혈압이던 혈압이 180이 넘어가는 위기였다. 아무것도 할 수 없는 위험한 상태가 되어서야 휴대전화도 손에 쥐지 못하고 누워 있을 수 있었다.

그때야 깨달았다. 내 몸이 보내는 경고를 무시한 결과가 얼마나 치명적인지, 그리고 건강이 얼마나 소중한 것인지를 말이다. 그토록 열심히 달려온 결과가 결국 나 자신을 망가뜨렸다는 사실이 절망적으로 다가왔다. 하지만 내 곁에서 진심으로 걱정해 주고 응원해 준 사람들이 누구인지 깨닫는 값진 시간도 함께 얻었다. 하고 있던 일들이 중단되고, 처리해야 할 일들이 다른 누군가의 손으로 넘겨져야 했을 때 묵묵히 함께해 준 사람들, 말없이도 나를 이해해 주는 사람들. 그 시련 속에서 진정한 인간관계의 의미를 깨달았다.

내가 아프고, 아무것도 할 수 없을 때 곁에 남아준 사람들. 그들의 따뜻한 진심은 나를 다시 일어설 수 있게 해주었다. 반대로, 나만의 노력으로 유지되던 관계들은 자연스럽게 멀어졌다. 일 관계이든 아니든 내가 손을 놓으면 끝나는 관계라면 애초에 미련을 둘 필요도 없다는 것을 깨달았다. 진짜 친구란 설명이 필요 없는 사람들이다. 그 시련 속에서 나는 진짜 친구를 구별하는 법을 배우게 되었다.

건강한 인간관계는 서로를 응원하고 함께 성장해 나가는 관계이다. 이러한 관계 속에서 취미 생활을 즐기고, 일상에 작은 활력을 더하는 것이 내 삶을 더욱 풍요롭게 만들어주었다. 단순히 일이 아니라 삶 자체를 충전하는 시간을 가지는 것이 중요하다는 것을 배웠다. 좋은 사람들과 함께하는 작은 모임에서 스트레스를 해소하고, 내 몸과 마음의 건강을 먼저 돌보는 것이 결국 나의 일, 강의를 더 잘 해낼 수 있는 원동력이 된다는 것을 알게 되었다.

결국 나의 진정한 '자기 계발법'은 내 몸과 마음의 건강을 우선으로 삼고, 이를 바탕으로 일과 대인관계에서 긍정적인 에너지를 전달하는 것이다. 이 깨달음을 통해 나는 내 삶이 풍성해지고, 주변 사람들과 함께하는 시간이 더 소중해졌다. 진정한 자기 계발은 내 안에서부터 시작되는 것임을 이제야 알게 되었다.

내 목에 내가 채우는 올가미

이남희

강사로서 전문성을 키우는 방법은 단 한 가지다. 내가 나를 괴롭히는 것이다. 운동하면 근육이 찢어지고 회복하는 과정에서 근육이 커지듯이, 강사로서 성장하기 위해서는 보디빌딩 선수들이 울면서 체육관에

가는 것처럼 억지로 나를 옭아매어야 한다. 강의 내용적인 측면과 강사의 전달력을 키우는 측면 두 가지에서 나를 옭아매어야 한다. 그렇게 하기 위해서는 나는 다음과 같이 했다.

첫째, 동료 강사들을 만난다.

강사들과의 친목을 위해서 만나라는 말이 아니다. 다른 강사의 강의를 듣고, 강사들과 워크숍이나 세미나도 같이 하면서 내 전문 분야에 대해 계속 업데이트된 지식을 쌓고 또 다른 강사들과의 네트워크를 통해서 강의 경험을 공유하고 정직한 내 강의에 대한 피드백도 듣는 것이 내가 전문성을 쌓는 데 가장 큰 도움이 되었다.

특히 내가 존경하는 강사를 한 명 선정하여 나의 멘토로 삼아 정기적으로 피드백을 받는 것이 가장 크게 도움이 되었다. 다양한 강의 분야의 훌륭한 강사님들이 함께하는 강사 커뮤니티도 많은 도움이 된다. 나는 시간과 공간의 한계를 뛰어넘는 온라인 모임과 정기적인 오프라인 강사 모임 둘 다 추천하고 싶다.

둘째, 자격증을 취득한다.

자격증을 취득하는 이유는 나의 전문성을 남에게 보여주기 위함도 있지만 그것보다는 자격증을 취득한다는 단기적인 목표가 있어야 내가 더 공부하기 때문이다. 높이뛰기의 바처럼, 자격증 취득이라는 목표가 있을 때 공부에 대한 동기 부여도 되고, 집중도도 올라가서 공부가 더 잘 되었다. 자격증 취득은 이렇게 두 마리 토끼를 다 잡는 좋은 방법이다.

셋째, 다양한 책을 읽고 쓴다.

책을 읽고 쓰는 방법은 요즘 내가 나를 옭아매기 위해 사용하는 방법이다. 자료를 준비하고, 정리해서 책을 써서 출판한다는 것은 강의 준비와는 다른 집중력과 노력을 요구한다. 책을 쓰면서 가장 좋은 것은 내가 나를 돌아볼 수 있는 계기가 된다는 것이며, 이렇게 나를 돌아봄으로써 내가 지금까지 강사로 어떻게 지내 왔고, 지금은 어떤 방향으로 어떻게 가고 있는지 큰 그림으로 볼 수 있다.

넷째, 새로운 강의 기법을 배운다.

이것은 강의의 내용적인 측면보다 강의 방법적인 전문성을 기르는 데 필요한 것이다. 하루가 다르게 기술이 발전하는 오늘날은 내 강의 기법들을 계속 업데이트하지 않으면 몇 달 만에 시대에 뒤처진 강사가 되고 만다. 그래서 나는 전자기기나, 생성형 AI 활동 등을 가르치는 강의들도 꾸준히 수강하여 나 자신을 업데이트하고 있다.

다섯째, 꾸준한 체력을 관리한다.

강사의 생활이 불규칙하고 자료 준비할 시간이 많이 필요하여서, 활동적인 강사들이지만 의외로 정기적인 운동을 하지 않는 사람들이 많다. '강의를 운동 삼아 하면 되지 않나? 강의 중 걷고 서 있는 시간이 얼마나 많은데?'라고, 생각하는 사람들이 있지만, 어디까지나 일은 일이고 운동은 운동이다. 몸이 그것을 철저하게 안다. 강사는 하루 8시간 강의를 할 수 있을 정도의 체력을 가질 수 있게 노력해야 한다. 강의할 체력을 기르기 위해서 또 강사로서 외적인 매력을 기르기 위해서도 운동이 밥 먹는 것보다 더 필수라고 나는 생각한다.

실용적인 기술 습득하라

이형모

자기 계발은 개인의 능력 향상과 성장을 위한 필수적인 요소로 자리 잡고 있다. 사회의 변화 속도가 빨라지고 경쟁이 치열해짐에 따라, 자기 계발을 통해 새로운 기술과 지식을 습득하고 개인의 잠재력을 발휘할 수 있으며, 자신을 이해하고 발전시키는 과정으로 이어져 자기 발전에 도움을 주기 때문에 자기 계발은 매우 중요하다고 할 수 있다.

유능한 강사들이 특정 주제에 대해 지식과 경험을 공유하는 학습 활동인 강의, 강연, 워크숍 등은 참여를 통해 다양한 분야와 관련된 주제를 다룬다. 이러한 활동에 참여함으로써 학습자는 전문가의 통찰력과 경험을 통해 자신의 역량을 높일 수 있으며, 분야별 직무와 관련된 자격증을 취득하여 전문성을 강화할 수 있다. 또한 전문가들과의 교류와 관련 서적이나 전문지를 읽고 네트워킹을 통해 최신 동향과 전문 지식을 습득하며, 경험이 풍부한 전문가나 멘토의 조언을 받아 역량을 강화할 수 있다.

새로운 도전과 경험을 통해 역량을 향상할 수 있는 프로젝트에 참여하고, 온라인 플랫폼이나 자료를 활용하여 자기 계발에 도움을 받을 수 있다. 청중들로부터 피드백을 받아 자신의 강점과 개선할 점을 파악하며 발전해 나갈 수 있으며, 관심 분야의 학습 커뮤니티에 참여하여 지식을 공유하고 자신의 역량을 주기적으로 평가하고 개선할 부분을 파악함으로써 지속적인 자기 계발을 이루는 것이 전문성을 높이는 방법이다. 또한 창의성을 발휘하기 위해서는 다양한 분야의 지식과 경험을 확보하고, 문제를 다른 관점에서 바라보며 새로운 아이디어를 시도하고 실험하는 자세가 필요하다.

강의 내용의 질을 높이고 청중의 이해를 증진 시키기 위한 접근 방법을 연구하며, 강의 분야에 열정을 가지고 청중에게 긍정적인 영향을 미치는 강한 동기를 가져야 한다. 이러한 역량은 청중의 호응에 직결되기 때문에 성실하고 책임감 있는 마음가짐이 중요하다. 청중의 주의 집중을 유지하기 위해서는 새롭고 흥미로운 매체나 전달 방식을 사용하거나, 청중들이 스스로 문제를 갖고 탐구하도록 질문거리나 역설적인 상황을 제시해야 한다. 강의 방식이나 형태의 다양성을 추구하고, 청중의 필요와 기대에 부합하는 강의 목표를 설정하며, 청중의 경험이나 관심사와 연결하여 친밀하고 존중하는 관계를 형성해야 한다.

청중의 수준에 맞는 강의요건과 성공 기회를 제공하고, 청중이 자신의 강의 내용을 청취하면서 내적 강화나 외적보상을 느낄 수 있도록 한다면, 강의는 효율적으로 청중의 마음에 닿을 것이다. 청중의 수준과 특성, 필요와 기대에 맞추어 강의를 설계하고, 청중과의 상호작용 및 피드백을 통해 강의의 효과를 높일 수 있다. 소통을 잘하기 위해서는 청중을 존중하고 경청하며, 공감하고 협력하는 자세가 필요하다.

2

변화하는 교육환경에 적응하기 위한 전략

기술과 사회 변화가 미치는 영향으로
교육에서 추진해야 할 과제나 노력

강혜원

교육의 본질은 미래 사회에서 살아가는 법을 다음 세대에 전달하고 안내하는 데 있다고 말할 수 있다. 현재 교육 현장은 다양한 도전과 변화에 직면해 있다. 기술의 발전, 사회적 요구의 변화, 그리고 세계화 등 여러 요인이 교육 시스템에 영향을 미치고 있다. 세계는 이미 4차 산업혁명과 함께 블록체인, 빅 데이터, 클라우드 컴퓨팅, 그리고 인공지능, 로봇 등 거대한 물결 속에서 빠르게 변화하고 있으며, 교육 분야에서도 예외가 아니다. 이러한 상황에서 교육의 질을 높이기 위한 빠른 변화와 기술 혁신의 흐름을 목도하고 있기에 미래 세대를 위한 교육에서 어느 때보다 중요한 시점이며, 학생들의 다양성을 충족시키기 위해서는 혁신적인 접근 방법이 요구되는 상황이다.

우리는 전례 없는 상황에 직면해 있다. 강의를 담당하는 교육자 또한 교육의 변화 흐름을 짚어 보고 준비가 필요하다. 우리 교육의 핵심은 학생들이 미래 사회에서 필요한 역량을 갖출 수 있도록 하는 것이라 할 때, 인공지능에 의한 교육의 변화 흐름과 함께 살아가야 할 미래 세대에게 학교와 교사는 무엇을 해야 하는가? 인공지능의 시대에 우리 교육이 직면한 불안과 두려움의 파도 앞에서 학교와 교사가 어떻게 대비하고 수행해야 하는지를 탐구할 필요가 있다. 나 또한 발명 마술 강의 계획을 예전과 달리 최신 교육 기술과 도구를 적극적으로 활용하여 학생들의 학습 진행을 온라인 및 혼합형 수업으로 적용하는 연구를 진행하고 있다. 그 결과 다양한 주제를 모델로 하여 학생들이 선택할 수 있도록 함으로써 개인의 학습 속도와 스타일에 맞춘 학습이 가능하다는 것을 배울 수 있었다.

강사는 사회적 요구와 트렌드를 반영하기 위해 최신 데이터를 분석하는 것이 매우 중요한 과정이며, 이를 통해 강의의 시작과 결론은 시장의 요구에 맞춰 커리큘럼 업데이트가 필수적이다. 정기적인 평가피드백 세션을 통해 커리큘럼의 효과을 평가하고, 신속하게 수정하는 것이 중요하다. 이렇게 함으로써 교육의 질을 높이고, 학습자들이 실제로 필요한 역량을 갖출 수 있도록 지원할 수 있다. 이제는 각 교육자가 스스로 커리큘럼 데이터를 분석하는 방법을 모색하고 공부할 필요가 있다. 설문조사, 산업 보고서, 고용 통계, 그리고 학습자 피드백 등의 데이터를 통해 어떤 기술이나 지식이 현재와 미래에 필요할지를 파악하고, 이를 바탕으로 커리큘럼의 내용을 조정하거나 새로운 과목을 추가할 수 있는 역량을 발견하는 것이 중요하다. 이러한 전략은 교육 환경의 변화에 대한 적응도를 향상하고, 강사 본인의 전문성을 발전시킬 수 있도록 지원하는 중요한 기초가 될 것이다.

미래 가치를 향해 개방적이고 긍정적인 태도로 리더십을 발휘하라

김성희

문명이 발달하고 사회가 발전하면서 교육의 개념과 형태는 계속해서 변해왔다. 그런데 근현대사회에 들어서면서 그 변화의 속도는 놀랄 만큼 빨라졌고 21세기에 들어서면서는 거의 빛의 속도로 변화하고 있다. 최근의 COVID-19로 인해 이전까지는 부분적으로 진행되어 오던 온라인 교육이 전면에 나서는 커다란 변화를 불러왔다. 이러한 변화는 전 세계에 공통적인 변화를 동시적으로 가능하게 했다. 또한 세대 간의 격

차는 갈수록 가파르게 나타나고 있다. 이에 따른 사회문화적인 변화는 교육 환경 전반에 영향을 미치고 있다.

또한 전 지구적인 자연환경의 변화는 인간의 삶과 환경에 위기로 다가오고 이를 해결하기 위해서 새로운 영역의 발달과 새로운 가치 기준을 만들어 내고 있다. 앞으로 미래 사회의 주축이 되는 세대에 대해 새로운 가치와 기준을 토대로 교육과정이 만들어지고 있다. 인공지능(AI)으로 대표되던 미래 사회는 이미 현재가 되었고 문화와 교육 전 영역에 걸쳐 대변혁의 시대 위에 우리는 서 있다.

교육 환경을 둘러싼 현재 사회에 대해 전반적인 이해와 조망은 이제 강사에게 필수 불가결인 것이 되었다. 앞서 언급한 바와 같이 세상에서 독립적으로 일어나는 일은 없으며 모든 것이 유기적인 관계를 지니고 있어 상호 영향을 주고 있다. 따라서 생태학적 관점의 해석이 필요한 시대이며 개방적이고 긍정적으로 시대를 관통하는 진리를 확고하게 깨달아야 한다.

강사로서 변화하는 미래 사회에 관심을 가지고 다양한 정보를 찾아 이해하고 좋은 정보를 선별해 내는 능력을 키워야 한다. 강사는 단순히 정보를 전달하는 사람이 아니다. 다양한 현장에서 사람들을 만나고 이야기할 수 있고 세상과 사람에게 선한 영향력을 펼칠 수 있는 중요한 역할을 할 수 있는 존재이다. 미래를 보는 시각을 알려줄 수 있고 각

세대를 연결할 수 있는 위치와 기회를 가질 수 있다.

다양한 영역에 관심을 가져보자. 미래 지향적 관점에서 세상의 소식들에 귀 기울여보자 다양한 사람들과 그들의 삶에 관심을 가져보자. 좀 더 따듯한 마음으로 들여다보면 자신이 해야 할 일에 대한 통찰을 얻게 될 것이다. 미래 사회는 모든 사람이 평생에 걸쳐 교육이 필요한 시대라고 한다. 강사로서 자신의 역할과 비전을 새롭게 발견할 수 있을 것이다.

변화하는 교육 환경 속에서 발전적 강사로 성장하고 싶다면 한발 앞서 바람직한 미래 가치를 추구하고 강사로서 리더십을 발휘해야 한다. 이를 위해서는 남들보다 좀 더 개방적이고 긍정적인 마음가짐을 지니고 세상을 바라보아야 한다. 혜안을 지니고 그 안에 존재하는 진실성을 발견하고 인간적 가치에 집중하다 보면 참다운 강사로서의 자신을 발견하게 될 것이다.

변화는 성장의 기회이니
이를 잘 활용하는 전문가로 거듭나자
김순복

현대 교육 환경은 빠르게 변화하고 있다. 이에 따라 강사로서의 성장과 발전도 필수적이다. 기술의 발전, 학습자의 요구 변화, 그리고 교육 방식의 다양화는 강사에게 새로운 도전 과제다. 이러한 변화에 효과적으로 대응하기 위해 가장 먼저 필요한 것은 지속적인 강사의 전문성 개발이다. 최신 교육 트렌드와 기술을 습득하기 위해 다양한 연수 프로그램이나 세미나에 참여해 최신 기술을 익혀 업데이트해야 한다. 전문성을 갖춘 강사는 변화하는 환경에서도 언제나 자신감을 가지고 학습자들에게도 긍정적인 영향을 미친다.

오늘날의 교육은 기술과 밀접하게 연결되어 있다. 온라인 강의와 인공지능(AI)의 발달로 다양한 교육 앱은 강사의 수업 방식에 큰 영향을 미친다. 따라서 강사는 이러한 기술을 능숙하게 활용할 수 있어야 하며, 새로운 기술을 배우고 이를 강의에 효과적으로 접목하는 연습을 통해 기술 활용 능력을 높이는 것이 필요하다. 새로운 기술을 잘 활용하는 강사는 더욱 다양한 학습 경험을 제공할 수 있으며, 학습자가 보다 몰입할 수 있는 환경을 조성할 수 있다. 내 강의 분야에 맞는 인공지능(AI) 기술을 접목해 업무 효율화를 꾀할 수 있는 강사야말로 전문가다운 강사다.

변화하는 교육 환경에서 학습자의 요구와 관심사를 반영하는 것이 매우 중요하다. 학습자들은 늘 최신 트렌드를 궁금해하고 배우고 싶어 한다. 강사는 학습자의 요구를 파악하고 피드백을 적극적으로 수용하여 그에 맞는 강의 내용으로 언제든 조정할 수 있어야 한다. 내가 준비해

간 강의 내용과 달라도 학습자가 원하면 현장에서 바로 바꿀 수 있는 능력을 갖춰야 전문가로 인정받는다. 다양한 학습 스타일을 고려해 맞춤형 학습 자료를 제공하는 것도 필요하다. 이러한 학습자 중심의 접근은 강사와 학습자 간의 신뢰를 쌓고, 학습 효과를 극대화한다. 학습자가 필요로 하는 자료와 방법을 제공함으로써 그들의 참여도를 높이고, 결과적으로 강의의 질을 향상할 수 있다.

다른 강사들과의 협력과 네트워킹 또한 강사로서의 성장에서 매우 중요한 요소다. 다양한 경험과 지식을 공유하고, 강의 기법을 주제로 토론함으로써 새로운 아이디어를 얻을 수 있다. 동아리 등을 통해 최신 정보를 교환하고 서로의 성장 과정을 지켜보는 것도 큰 도움이 된다.

마지막으로, 강사는 변화에 대한 유연한 사고와 적응력을 갖추어야 한다. 코로나가 오면서 비대면 교육 환경으로 전환이 되었고 인공지능(AI) 시대가 오면서 대다수가 챗GPT를 통한 업무 효율화를 꾀하고 있다. 교육 환경 및 강의 주제 또한 이에 맞춰 변화되고 있다. '챗GPT를 활용한 업무 효율화', '챗GPT를 활용한 문서 작성법', '챗GPT를 활용한 보도자료 작성법', '챗GPT를 활용한 시나리오 작성법', '챗GPT를 활용한 강의계획서 작성법', '인공지능 시대의 근로환경 변화와 직장 적응 전략' 등으로 강의 의뢰가 들어와 그에 맞춰 진행하고 있다.

예측할 수 없는 변화 환경에 긍정적인 마음가짐과 유연한 사고로,

지속적으로 성장할 수 있도록 도우며, 강사로의 전문성을 더욱 개발해 나갈 것이다. 변화는 성장의 기회이며, 이를 잘 활용하는 강사로, 교육자로 거듭나야 할 것이다.

당당한 자신감과 지혜와 인내심

김순화

시대는 빠르게 변화하고 있다. 선생님들은 나이가 많고 학생들은 상대적으로 어리다. 이러한 세대 차이는 교육의 변화에 큰 영향을 미친다. 나이가 많다고 해서 세대 차이가 난다고 강사를 그만둘 수는 없다. 강사의 직업은 삶의 연장선이며, 인생을 바쳐온 강사의 지식과 능력이 소멸하는 슬픔은 결코 사라져야 한다. 따라서 강사가 변화하는 교육 과정과 환경에 적응하는 것은 매우 중요하다. 지금 이 순간, 나이 많은 강사님들의 은퇴는 가슴 아픈 현실이다. 특히 교수님들의 다양한 지식의 은퇴는 미래의 발전을 정지시키는 결과를 초래한다.

그분들의 건강이 허락한다면 지속적인 역할이 미래 발전의 길이 될 수 있지만, 현재로서는 그 방법이 없는 안타까운 상황이다. 이러한 현실을 막기 위해 선배 강사들은 시대의 흐름에 자신의 고집을 버리고 귀 기울이며, 세대 간의 간극을 줄여야 한다. 미래의 노인 강사로 자리

잡기 위한 준비가 필요하다. 권위나 자존심보다 사랑과 지식으로 많은 것을 나누어 줄 수 있는 강사로 자리매김해야 한다. 나만의 방식에서 벗어나 시대에 맞는 교육 방법을 연구하며 인성의 변화도 함께 이루어져야 한다. 나이가 들수록 인성을 잘 가꾸는 것이 명품 강사가 되는 길이다. 그중 가장 중요한 것은 건강을 유지하는 것이다. 이는 참으로 어려운 말이다. 지금까지의 삶에서 강사의 인성을 변화시키는 것은 자존심을 버리고 다시 자신을 돌아보는 과정이 필요하다.

강사들은 변화하는 교육환경에 적응하기 위해 지속적인 학습을 통해 새로운 교육 트렌드에 발맞춰야 한다. 변화에 빠르게 대응하기 위해서는 유연한 교수법을 활용하고, 학습자의 필요에 맞춘 접근방식을 취해야 한다. 온라인 플랫폼, 학습 관리 시스템 등 최신 기술을 적극적으로 활용하여 교육의 효율성을 높여야 한다. 동료 강사와의 협업을 통해 서로의 경험과 아이디어를 공유하고 새로운 접근방식을 모색해야 한다. 그러나 강사 간의 연구와 협력을 통한 발전이 경쟁자 및 개인의 자료 공개 등의 이유로 원활하지 않은 경우가 많고, 개인플레이가 주를 이루는 현실이다. 넓고 큰 시각을 가지면 협력이야말로 황금알이란 것을 알게 되지만, 현재 개인주의가 만연한 시대에서는 협력의 중요성이 간과되고 있다는 생각이 든다. 마음을 여는 강사님들의 지식 연구가 변화하는 교육과정의 전략을 만드는 데 가장 중요한 재료가 될 것이다.

학습자들의 의견에 귀 기울이는 것도 중요하다. '아이들에게서도 배울 것이 있다.'는 속담이 있듯이, 학습자의 의견을 적극적으로 수렴하여 변화하는 교육환경을 이해하고 새로운 교육 방법을 연구하는 기초 자료로 활용해야 한다. 강의 중 학생들의 창작 작품 속에서 나의 아이디어를 하나씩 만들어 나가며, 젊은 세대의 느낌을 받으며 시대의 흐름을 알아간다. 변화하는 교육환경의 큰 스승은 바로 학습자다. 이러한 전략을 통해 변화하는 교육환경에서도 효과적으로 성장할 수 있다. 그러나 강사로서의 성장과 발전은 변화하는 교육환경 속의 지식도 중요하지만, 강사의 인성과 인내심이 가장 중요하다고 생각한다. 시대의 학생들의 흐름을 읽기 위해서는 나부터 시대의 흐름 속에서 인성을 찾아야 한다는 생각이 든다.

AGI 시대, 맞춤형 교육으로 창의적인 학습자를 키우는 강사가 되자

배혜숙

현재 우리는 제4차 산업혁명 시대, 인공지능(AI)을 넘어 AGI(Artificial General Intelligence, 범 인공지능) 시대로 진입하고 있다. 범 인공지능(AGI)은 인간과 유사한 지능을 가진 인공지능(AI)으로, 다양한 분야에서 스스로 학습하고 문제를 해결할 수 있다. 이에 따라 교육 분야에서도 큰 변화가 예상되기 때문에, 강사들은 이에 맞는 새로운 학습 환경을 제공해야 한다. 강사들은 범 인공지능(AGI) 기술을 활용해 학생들이 더 창의적이고 능동적인 학습자가 될 수 있도록 지원해야 한다.

첫째, 4차 산업혁명과 범 인공지능(AGI) 시대에는 인공지능(AI) 기반 학습 도구와 가상현실(VR), 증강현실(AR) 같은 기술을 활용해 몰입형 학습 환경을 제공해야 한다. Zoom과 인공지능(AI) 피드백 시스템을 통해 학생들에게 개별화된 학습 경험을 지원할 수 있다.

둘째, 범 인공지능(AGI) 시대에는 학생들이 능동적으로 학습하고 문제를 창의적으로 해결할 수 있도록 하는 수업이 필요하다. 예를 들어, 플립러닝 방식을 통해 학생들이 인공지능(AI)으로 지식을 탐색하고, 수업 중 토론과 실습으로 사고력과 문제 해결 능력을 키울 수 있다.

셋째, 혼합형 교육 모델을 활용한다. 4차 산업혁명과 범 인공지능(AGI) 시대에는 대면 수업과 온라인 학습을 결합한 혼합형 모델이 필수적이다. 온라인 강의에서 인공지능(AI) 맞춤형 학습을 제공하고, 대면 수업에서는 협업을 통한 문제 해결을 촉진해야 한다.

넷째, 개별화된 학습을 지원한다. 범 인공지능(AGI) 시대에는 학생들의 학습 속도와 스타일에 맞춰 인공지능(AI)이 학습 자료와 평가를 제공하는 맞춤형 학습이 중요하다. 인공지능(AI)은 학생 개개인의 학습 패턴을 분석해 각자의 학습 능력을 최대한 발휘할 수 있도록 돕는다.

　다섯째, 평가 방식을 다양화한다. 범 인공지능(AGI) 시대에는 창의력과 협업 능력을 평가하는 방식이 필요하다. 프로젝트 기반 학습을 통해 학생들이 인공지능(AI)과 협력하거나, 팀 단위로 범 인공지능(AGI) 기술을 활용한 과제를 수행하는 방식이 효과적이다.

　여섯째, 강사도 지속적으로 학습한다. 범 인공지능(AGI) 시대에 맞는 교수법과 기술을 지속적으로 학습하고, 인공지능(AI) 데이터를 활용해 수업을 개선하는 것이 중요하다. 이를 위해 강사는 교육 기술 워크숍에 참여하고 동료와 협력해 인공지능(AI) 시대에 적합한 교수법을 도입해야 한다.

나만의 브랜드를 확립하자

소경희

　현대의 교육환경은 급변하는 사회적 요구와 기술적 발전 속에서 끊임없이 변화하고 있다. 이러한 변화에 적응하기 위해서는 나만의 브랜드를 확립하고, 내가 잘하는 것을 중심으로 활동하는 것이 필수적이다. "내가 잘하고 싶은 것이 아닌 내가 잘하는 것을 하자."라는 원칙은 선한 영향력을 발휘하는 강사로서의 나를 더욱 빛나게 한다.

17년 전, 나는 '매직 퀸'이라는 예명을 통해 마술의 세계에 발을 내디뎠고, 이후 소경희라는 이름보다 매직 퀸이라는 이름으로 더 많은 이들에게 알려졌다. 현재 나는 JL마술학교의 교장으로서, 나만의 브랜드를 구축하며 교육의 새로운 길을 모색하고 있다. 나의 브랜드는 단순한 이름을 넘어, 마술과 교육을 결합한 독창적인 가치를 지닌다.

공연자에게는 좋은 도구가 필수적이다. 나의 브랜드는 이러한 도구를 제공하는 JL매직과 깊은 연관이 있다. 우리는 7천 개 이상의 마술 도구를 갖춘 매직 가게를 운영하며, 한국의 마술사뿐만 아니라 전 세계의 마술사들이 우리 매직 가게를 통해 도구를 구매하고 연습할 수 있도록 돕고 있다. 이는 단순한 상업적 활동을 넘어, 마술사들이 꿈을 이루고 많은 이들에게 신비로움과 행복을 선사하는 선한 영향력으로 이어진다.

변화하는 교육환경에 적응하기 위해서는 이러한 브랜드를 기반으로 나의 전문성을 더욱 강화해야 한다. 지속적인 자기 계발과 함께, 새로운 교육 트렌드를 파악하고 이를 내 교육에 적용하는 것이 중요하다. 온라인 플랫폼을 활용하여 다양한 교육 콘텐츠를 제작하고, 이를 통해 더 많은 이들과 소통하며 나의 상표 가치를 확장할 수 있다.

또한 강사로서 나의 역할은 학생들이 자신의 역량을 발견하고 성장할 수 있도록 돕는 것이다. 이를 위해 각종 워크숍과 세미나를 통해 실질적인 경험을 제공하고, 학생들이 마술의 매력을 느낄 수 있도록 다양한 프로그램을 운영할 계획이다.

변화하는 교육환경에 적응하기 위해서는 나만의 브랜드를 확립하고, 내가 잘하는 것을 중심으로 활동하는 것이 중요하다. 이는 선한 영향력을 발휘하는 강사로서 나의 목표와도 일치하며, 앞으로도 지속적으로 발전할 수 있는 기반이 될 것이다. 나의 브랜드가 많은 이들에게 감동과 행복을 주는 원동력이 되기를 바라며, 이를 위해 끊임없이 노력할 것이다.

3

강사로서의 브랜드 구축 방법

목적으로 하는 전문성을
지정된 시간 동안 정확한 산출을 제공할 힘!

강혜원

　강사로서의 브랜드 구축은 전문성과 신뢰성을 기반으로 이루어진다. 매년 평생학습 참여율은 해마다 상승하고 있으며, 이에 따라 질 높은 교육프로그램 수혜를 원하는 학습자의 요구도 확대되고 있다. 강사는 여러 연령층의 사람들을 교육적 요구에 따라 필요로 하는 지식과 기능의 교육을 담당하는 자이며, 강의의 만족도를 높이는 주요 역할은 강사의 역량이 교육 질적 향상과 방향성의 주요 요인이라 할 수 있다. 강사 본인의 브랜드가 무엇을 대표하는지, 어떤 가치를 전달하고 싶은지를 명확히 하는 것이 필요하며, 강사의 임무와 비전을 정확히 설정하는 것이 중요하다. 그에 따라 본인의 강의를 듣고자 하는 학습자 대상을 파악하고, 학습자의 필요와 욕구를 이해하는 것이 강사 본인의 브랜드 전략에 큰 도움이 될 것으로 생각한다. 강사로서의 브랜드를 구축하는 것은 전문성을 강화하고자 하는 강사로서 브랜드를 구축하기 위한 몇 가지 방법 및 전략을 아래에 소개하고자 한다.

첫 번째는 전문성이다. 본인의 전문성이 떨어진다면, 앞선 내용을 지지받을 수 없다. 강의 분야의 깊이 있는 지식을 쌓고, 관련 자격증이나 학위 취득이 필요하며, 교육자로서의 전문성 유지와 변화하는 교육 환경에 발맞추기 위해 스스로 발전하는 것이 중요하다. 또한 유연한 커리큘럼을 만들고 개인 웹사이트나 블로그를 운영하며 자신의 강의 내용, 경험, 그리고 전문 지식을 공유하고 소통함으로써 자신의 브랜드를 알릴 필요가 있다.

두 번째는 유연한 커리큘럼이다. 현재까지 발명 마술 강사로서 온라인 학습 플랫폼, 소셜 미디어 등 다양한 기술을 활용하여 자신의 브랜드 아이덴티티를 디자인하고 매년 활발한 활동을 하며, 콘텐츠 제작으로 유용한 자료나 강의 영상을 제작하여 무료로 제공함으로써 신뢰를 쌓고, 전문성을 유지하며 홍보하고 있다.

세 번째는 네트워크 구축 방안이다. 매번 같은 스타일의 지루한 강의가 아니라 변화를 추구해야 할 시점마다 관련 분야의 전문가들과 네트워킹을 통해 인지도를 높이고, 협업 기회를 모색하며, 자신의 강의 스타일과 내용을 개선할 필요가 있다고 생각한다. 자신의 브랜드를 효과적으로 구축하고, 타인에게 긍정적인 영향을 미치고자 하는 가장 중요한 본질은 기본에 충실해야 하며, 교육 환경과 사회적 요구의 변화에 귀 기울이는 것이 중요하다.

강사는 항상 최신 교육 트렌드를 정기적으로 관찰해야 하며, 이를 통해 어떤 주제가 현재 중요한지를 파악하고, 더 많은 기회를 창출하기 위해 현재까지 '나' 자신 또한 사회적 요구 변화에 귀 기울이는 효과와 본인의 가치를 높일 수 있는 브랜드를 만들고자 끊임없이 노력하고 있다. 언제나 비슷한 시장에서 활동하는 경쟁 브랜드를 분석하며, 그들과의 차별점을 찾고, 강사 본인만의 독특한 가치를 강조한다면 차별화된 브랜드를 효과적으로 구축할 수 있을 것이다.

강사도 이제는 브랜드 시대다

김순복

요즘은 강사도 브랜드 시대다. 강사로서의 브랜드 구축은 개인의 전문성과 신뢰성을 높이는 매우 중요한 과정이다. 자신의 브랜드를 확립함으로써 강사는 더 많은 학습자에게 긍정적인 영향을 미칠 수 있으며, 교육 시장에서 경쟁력을 강화할 수 있다. 강사 브랜딩의 중요성을 잘 알기에 네이버 인물 등록과 블로그 등 SNS 마케팅, 언론보도의 중요성을 강조한다.

브랜드 구축의 첫 단계는 우선 강사로서의 전문성 개발이다. 강사는 자신의 전문 분야를 명확히 하고, 해당 분야에서의 지식과 경험을 지속적으로 쌓아야 한다. 이를 위해 관련 자격증을 취득하는 것은 기본이고, 최신 연구 결과 등을 반영한 교육 자료를 준비해야 전문성을 갖춘 강사로 신뢰도가 높다. 그런 강사에게는 강의에 대한 기대감 또한 높아 강사의 브랜드 가치를 더욱 강화하는 토대가 된다.

또한 차별화된 브랜드를 만들기 위해서는 차별화된 독특한 정체성을 설정해야 한다. 자신의 강의 스타일, 가치관, 교육 철학, 네이밍 등을 명확히 하라고 강사 브랜딩 수업에서 늘 강조한다. 이를 기반으로 브랜드를 구축하는 것이 중요하기 때문이다. 예를 들어, 강사 자신만의 특정 교육 방식이나 학습자들과의 소통 방식을 독창적으로 설정하면 강사로서의 개성을 더욱 부각할 수 있다. 학습 자료 또한 독창적이어야 한다. 이러한 독특한 정체성은 강사가 학습자들에게 기억에 남는 존재로 자리매김할 수 있다.

"소셜에서 당신은 유령인가? 강사인가?"

온라인에서의 존재감은 브랜드 구축에 있어 필수 조건이다. 요즘 시대에, 온라인에서 이름이 검색되지 않는 강사는 곧 인지도가 없는 강사로 인식될 수 있다. 특히 강사는 개인 웹사이트나 블로그, 소셜 미디어 플랫폼을 통해 자신의 전문 지식과 경험을 꾸준하게 공유해야 인지도를 높일 수 있다. 정기적으로 유용한 콘텐츠를 제공함으로써 학습자와의 신뢰 관계를 형성하고, 자신의 브랜드 가치를 높일 수 있다. 공신력 있는 언론사의 뉴스 보도나 인터뷰 기사, 칼럼 등으로 전문성을 다질 수 있다. 또한 온라인 커뮤니티에 참여하여 의견을 나누고 네트워킹을 강화하는 것도 좋은 방법이다. 전문 에이전시 소속 강사로 홈페이지에 대표 강사로 등재되는 것도 추천한다. 이러한 온라인 활동은 강사가 자신의 전문성을 널리 알리는 데 큰 도움이 되며, 더 많은 학습자와 만날 수 있는 기회가 제공된다.

브랜드 구축의 기본은 강의의 질이다. 학습에게 그들이 원하는 높은 수준의 강의를 제공해야 하며, 학습자의 피드백을 수용하여 강의를 개선하는 노력을 기울여야 한다. 강의의 질이 높을수록 강사의 브랜드 가치는 자연스럽게 올라간다. 이는 학습자와 교육 담당자들이 강사의 강의에 대해 신뢰를 하게 하는 요인이 된다. 강의의 질이 높아 만족도가 좋아야 추천을 통해 브랜드가 확산할 수 있는 기회를 창출할 수도 있다. 따라서 강사는 강의마다 정성을 다해야 하며, 지속적인 개선을 위해 최선의 노력을 해야 한다.

지속적인 네트워킹 역시 강사로서의 브랜드 구축에 중요한 요소다. 다른 강사들과의 협력이나 교육 관련 행사에 참여해 다양한 사람들과의 관계를 쌓는 것은 매우 중요하다. 네트워킹을 통해 새로운 기회를 창출하고, 자신의 브랜드를 더 많은 사람에게 알릴 수 있으며, 다양한 인맥을 통해 자신이 속한 분야의 최신 정보를 받아들일 기회를 마련할 수 있다. 이러한 관계는 강사가 자신의 전문성을 더욱 확장하고, 교육 분야에서 입지를 강화할 수 있다.

강사로서의 브랜드는 개인의 성장뿐만 아니라, 학습자의 성장에도 긍정적인 영향을 미치는 중요한 자산이 된다. 교육 환경 전반에도 긍정적인 변화를 끌어내는 중요한 활동임을 잊지 말자.

세월 속의 배움과 예술의 아이디어

김순화

시대의 흐름에 따라 강사의 전공이 단일 전공으로 브랜드를 구축하기 어려운 상황이다. 변화의 시대 속에서 전공과 부전공의 다양성이 강사의 브랜드를 형성하는 데 중요한 역할을 한다. 나의 전공은 현대무용이다. 무용수로서, 강사로서 살아온 시간 속에서, 워십 강사로 활동하며 석사 논문을 집필하는 과정에서 실버타운을 알게 되었고, 노인 치매 인력 양성 과정의 노인 레크리에이션을 접하게 되었다. 이러한 경험들은 강사로서, 교수로서의 자리를 더욱 확고히 하는 데 기여하고 있다. 긴 시간 동안 돌아보면 참으로 신기하고 재미있다. 내가 꿈꿔온 것들의 복합체가 바로 지금의 나이며, 노인 치매 인력 양성 과정의 노인 레크리에이션과 워십을 통해 새로운 브랜드의 구축 가능성을 보고 있다.

노인 레크리에이션 수업안에는 율동 만들기, 미술, 체조, 요가 등 다양한 분야의 브랜드구축이 필요하며, 많은 변화가 요구된다는 것을 깊이 느낀다. 배움의 과정은 브랜드구축의 토대가 되며, 젊은 시절과 노년기에 걸쳐 쌓아온 경험들이 새로운 수업을 창출하는 재료가 된다. 강사로서의 브랜드구축 방법은 결국 '배움'에 있다. 나이가 들어도, 젊더라도, 배움에서의 접근법이 최고의 수단이 될 것이다.

특정 분야에 대한 깊이 있는 지식과 경험을 쌓아 전문성을 확립해야 하며, 블로그, 소셜미디어, 유튜브 등 다양한 플랫폼을 통해 자신의 지식과 경험을 공유하고 팔로워를 늘려야 한다. 네이버의 자기소개와 학교 채널 내 강사 소개 등은 하나의 소속 안에서 발전하는 방법이자 강사로서의 위치를 구축하는 또 다른 방법이 된다. 개성 있는 강사는 어떤 모습일까? 나의 브랜드는 무엇일까? 남들과 차별화되는 나를 발견한다면, 강사로서의 브랜드는 더욱 확고하게 형성될 것이다.

강사 전문가와의 인맥을 넓히고 협력의 기회를 만들어 강의 내용과 전달 방식을 지속적으로 개선하여 학습자들에게 높은 가치를 제공해야 한다. 자기만의 강의 스타일이나 독창적인 콘서트를 개발하여 차별화된 브랜드를 구축하는 방법을 통해 강사로서 효과적인 브랜드를 형성할 수 있다. 우리나라의 유행은 빠르게 변화한다. 수업 또한 좋은 자료가 등장하면 몇 달간 유행하기도 한다. 특히 노인 수업의 자료는 더욱 빠르게 변화하는 경향이 있다. 정말로 재미있고 흥미로운 현상이다.

여러분, 20대에서 강사로서 30대, 40대, 50대에 이르기까지 새로운 것을 구축하기 위해서는 긴 세월의 강의 내용을 종합하여 멋진 예술 작품을 창조해야 한다고 생각한다. 그러면 20대의 배움의 지식과 젊음이 흘러 50대에는 다재다능한 명품 강사로 브랜드를 구축하고, 나이가 들수록 무르익는 예술 강사의 브랜드를 이룰 수 있을 것이다. 강사는 정신과 육체가 모두 밝고 건강해야 한다. 영과 육이 튼튼한 강사야말로 브랜드를 잘 구축할 수 있는 기초가 된다. 강사로서의 브랜드구축 방법의 기본은 영육의 강건함이다. 시간과의 연구와 노력 속에서 영육의 강건함이 없으면 모든 것은 이루어질 수 없다. 영육의 인격을 최고로 만들고 지식을 쌓아간다면, 강사로서의 브랜드는 명품으로 구축될 것이다.

강사의 고유한 콘텐츠를 만들자

박동철

먼저, 강사의 브랜드가 무엇인지 설명을 하면, 강사의 전문적인 지식, 강의 프로그램, 강의 경험, 강의 교육 자료 등 강사 개인의 다양한 요소로 구성되는 강사 자신만의 독특한 특성이라 할 수 있다. 나의 브랜드는 '구조', '건강' 그리고 '봉사' 등 이렇게 고유한 단어가 나의 브랜드로 자리 잡았다. 때로는 죽은 사람 3명을 직접 살려낸 '천사'로 불리기도 하고, 겨울에는 '스키', 여름에는 '스쿠버' 등 개인의 활동 역량에 따라서 시기적으로 변화가 있을 수도 있다.

다음은 강사의 고유한 콘텐츠를 만들려면 어떻게 하는지 살펴보자!

먼저 가장 중요한 것은 강의 주제를 선정해야 하는데, 강사가 가장 자신이 있고 전문적인 지식을 가지고 있는 주제를 선택해야 하며, 현재에 인기가 있거나 앞으로 필요로 하는 주제를 선택하는 것이 현명한 방법이다. 다음은 내가 누구를 대상으로 강의할 것인지, 그 대상의 수준, 관심사, 필요성 등 학습자를 분석한다. 그다음 강의 교안을 작성하는데, 가능하면 자신의 직접적인 경험이나 사례를 포함한 자신의 개인적인 내용을 최대한 부각하고, 기술이나 적합한 조언을 공유하여 가치 있는 내용으로 교안을 작성한다.

강의 교안 작성을 완료 후 강의 도구는 어떤 것을 사용할 것인지 정해야 한다. 요즘은 파워포인트(Powerpoint)가 가장 많이 사용되는 강의 도구 플랫폼이며, 구글 슬라이드(Google Slide), 캔바(Canva), 키노트(Key note) 등 각자의 취향에 맞는 도구를 이용하면 된다. 강의 교안 및 강의 도구가 완료되면, 인터넷 강의 줌(Zoom), 유튜브(YouTube) 등 온라인 플랫폼을 활용하여 콘텐츠를 업로드 및 SNS에 공유하거나 강의하면 된다. 예전에는 강사의 콘텐츠 공유에 어려운 점들이 있었지만, 지금은 컴퓨터와 핸드폰 등 인터넷상의 플랫폼 도구를 활용한 브랜드 구축 방법이 다양하게 있어서 나만의 고유한 콘텐츠를 일관성 있게 SNS상에 공유하면 쉽게 강사 브랜드 구축을 할 수 있다. 특히 강사들은 네이버 블로그나 밴드, 페이스북 등 인터넷 콘텐츠를 활용하여 신속하게 업로드하고 공유함으로써 브랜드를 구축하기에 그리 어렵지 않다.

온라인 강의를 하거나, 현장 강의를 통하여 강사의 고유한 이미지와 스타일을 일관성 있게 유지하면서 브랜드를 구축해야 하며, 강의 시 청중들을 몰입하게 만들기 위해서는 현재의 시급한 문제가 되는 것을 내 것으로 만들어서 전달해야 한다. 그리고 새로운 콘텐츠를 개발하고 발굴하는 것이 바로 강사의 역할이다. 아울러 다른 사람과 차별화된 콘텐츠를 찾아서 만드는 것이 강사의 브랜드를 구축하는 능력이다. 결국 자신만의 고유한 콘텐츠가 있어야만 강사로서의 브랜드를 구축할 수 있다.

다양한 채널로 나를 팔아라

이남희

강사로서의 나와 나의 전문성 있는 강의를 다양한 채널을 통해서 홍보하는 것이 나의 브랜드 구축에 필수라고 생각한다.

첫째, 강의 전문 분야를 만들어라.

강사는 다양한 분야의 강의를 하는 것도 좋은 방법이지만 나의 강점과 나의 강의 주제가 명확하며 당장 출강 가능한 전문 강의 분야가 있어야 한다.

교육 담당자들이나 교육생들로부터 "이번 주제의 강의는 역시 ○○○ 강사님이지!"라는 말을 들을 수 있을 때 진정한 브랜드 구축이 되었다고 난 생각한다.

둘째, 소셜 미디어를 활용하라.

다양한 소셜네트워크에 정기적으로 콘텐츠를 공유하여야 한다. 그이유는 학습자들의 연령대가 다양하므로 활동하는 소셜 미디어도 다양해져 있기 때문이다. 여러 소셜 미디어 중에서 가장 중요한 것은 블로그이다. 한국은 네이버 기반의 검색이 많다 보니 꾸준한 블로그로 나를 브랜딩할 필요가 있다.

강의 주제, 교육 대상자, 교육장 분위기와 강의 평가 등 이미지를 첨부하여 꾸준한 블로그 작성이 필요하다. 요즘은 교육 담당자들은 블로그로 강사 검색 후 유튜브로 실제 강의 모습의 영상을 함께 찾아본다고 한다. 그러므로 자신이 현장에서 강의한 모습을 영상으로 남겨 동영상을 짧게 올리는 것도 강사 브랜딩에 도움을 준다. 요즘은 짧은 영상(숏폼)을 활용하는 것도 좋은 방법이다. 그 외 인스타그램, 페이스북, 네이버 밴드 등도 강사의 브랜딩에 많은 도움을 준다. 또한 소셜 미디어에 강사가 많이 상위 노출이 되기 위해 동료 강사님들의 이웃이나 팔로우, 구독자가 되는 것도 강사 브랜딩에 필요 요소이다.

셋째, 강사 전문 기관과 협업하라.

강의 경험이 부족할 때 강사인 나를 알리는 것은 쉬운 일은 아니다. 이럴 때는 관련 분야의 다른 기관과 협업할 수 있으면 나를 브랜딩하는데 많은 도움이 된다. 특히 온라인뿐만 아니라 오프라인으로도 꾸준히 강사의 역량을 향상하게 시킬 수 있는 전문 기관을 찾아서 협업하면 좋은 관계로 동반 성장할 수 있다.

넷째, 책을 출판하라.

저서를 통해 강사로서 특정 분야의 전문성을 입증할 수 있고 신뢰도를 높일 수도 있으며 강사로서 더 많은 사람에게 알려질 수 있어 책

출판은 강사의 브랜드를 강화하는 좋은 방법의 하나다. 책을 통해 더 많은 강의가 섭외될 수 있으며 세미나나 워크숍의 강연자로도 초대받을 기회가 늘어날 수 있다. 또한 자기 이름으로 된 저서가 있으면 교육생들에게 신뢰를 얻을 수 있으며. 저서 판매를 통한 추가 수입도 생길 수 있다.

청중 마음을 감동으로 잡아라

이형모

자신의 전문 분야를 명확히 하고 이를 기반으로 브랜드를 구축하는 것은 강사에게 필수적인 요소이다. 남들이 하지 않거나 쉽게 할 수 없는 경력이 있다면 더욱 좋으며, 자그마한 경력이라도 차곡차곡 기록하여 SNS 채널이나 책 등을 통해 다른 강사와 차별화된 독특한 가치 제안을 개발하고 자신의 전문성과 교육 방식을 강조해야 한다.

경력은 하루아침에 쌓이는 것이 아니며, 많은 시간과 노력이 필요하다. 만약 꾸준히 일기를 써왔거나 맛집을 기록해 왔거나 외국어 능력이 있다면, 이러한 경험들은 개인 브랜드를 구축하는 데 큰 도움이 된다. 웹사이트, 블로그, 미디어 프로필 등을 통해 자신의 전문성과 교육자료를 공유하고 콘텐츠를 제작하여 자신의 전문성과 가치를 보여주어야 한다. 또한 온라인 커뮤니티를 통해 다른 전문가들과 교류하고 네트워킹을 구축하는 것도 중요하다.

나의 청중은 곧 고객이며, 청중의 성향을 분석하고 이해하는 과정이 필요하다. 청중을 인격체로 존중하고 그들의 피드백을 수용하여 이를 바탕으로 자신의 강의 방식을 개선해야 하며, 강의 내용과 방법에 대한 지속적인 개발을 추구해야 한다. 무언가를 설명할 때는 어디서부터 어디까지 설명할지를 계획해야 하며, 청중의 지식수준과 이해도를 제대로 파악하지 못한 상태에서 강의하게 되면 청중은 강사의 주장에 호응하기 어려울 것이다.

성공적인 계정 운영을 위해서는 무작위로 게시물을 올리기보다는 체계적으로 계획을 세우는 것이 중요하다. 나를 어떻게 표현할지, 어떤 정보를 포함해야 할지, 첫 이미지를 결정짓는 나의 사진과 소개 문구는 어떻게 표현되어야 효과적으로 전달될 수 있는지를 깊이 고민해야 한다.

자신의 브랜드와 전문성을 홍보하기 위해 다양한 채널을 활용하여 브랜드 메시지를 일관되게 유지하는 것이 신뢰성과 인지도를 높이는 데 도움이 될 것이다. 이러한 방법을 통해 강사로서 브랜드를 효과적으로 구축할 수 있다. 디지털 소통의 방식이 점점 진화하고 있으며, 다양한 이모티콘을 통해 감정을 더욱 효과적으로 전달할 수 있다. 다양한 표현 방식으로 대화가 즐거워지고, 단순한 소통의 도구를 넘어 삶과 생각을 즐겁게 만들어 주는 도구가 될 것이다. 앞으로도 플랫폼을 통해 많은 사람과 소통하며 성장할 것이다.

강사의 신뢰와 권위는 교육환경에서 매우 중요한 역할을 하며, 이는 청중의 호감과 참여도를 높이는 데 많은 영향을 미친다. 강사는 해당 강의에 대해 전문적인 지식을 갖추고 있어야 하며, 일관성 있는 태도와 행동을 보여야 한다. 청중에게 안전감과 신뢰를 주고, 그들의 의견을 경청하는 것이 중요하다. 청중이 강사를 존중할 때 더욱 적극적으로 참여하게 된다. 강사는 지식과 전문성을 갖추고, 전문적인 교수법과 효과적인 소통을 통해 청중으로부터 신뢰를 얻어야 하며, 바른 정보를 전달함으로써 상호 간 신뢰를 형성할 수 있다.

강사는 자신만의 개성과 스타일을 가지고 있어야 하며, 개성적인 접근방식은 청중으로부터 호감을 받을 것이다. 강사의 신뢰와 권위는 청중과의 상호 작용과 강의 경험에 기반하여 형성된다. 강사는 청중의 신뢰를 얻기 위해 지속적으로 노력해야 하며, 청중의 만족을 위해 최선을 다해야 할 것이다.

4

앞으로의 비전과 목표 설정

강사로의 비전과 목표 설정

김수연

강사로서의 비전은 사람의 가치를 소중히 여기고 공감하며 청중과 함께 성장하는 것이다. 나는 멋진 강사로서 청중에게 깊은 인상을 남기고, 그들의 삶에 긍정적인 영향을 미치고 싶다는 꿈을 가지고 있다. 이러한 비전은 나의 목표 설정에 큰 영향을 미친다.

거대한 목표를 설정하는 대신, 나는 장기적으로 꾸준히 실천할 수 있는 목표를 세우는 데 집중한다. 이는 나의 꿈을 이루기 위한 실질적인 접근 방식이며, 지속적인 자기 계발의 기초가 된다. 목표는 단지 도달해야 할 지점이 아니라, 나의 성장 과정을 나타내는 중요한 지표가 된다.

이러한 목표를 달성하기 위해, 나는 새로운 분야와 전문 분야의 교육 트렌드에 대한 지속적인 학습을 추구한다. 변화하는 교육 환경 속에서 최신 기술과 방법론을 습득하고, 이를 통해 강의의 질을 높이는 데 힘쓴다. 나는 끊임없이 학습하며, 새로운 지식을 바탕으로 청중에게 더욱 풍부한 경험을 제공하고자 한다.

또한 다양한 네트워킹 기회를 통해 전문성과 인사이트를 확장하려고 노력한다. 강의와 관련된 세미나나 콘퍼런스에 참석하여, 다른 전문가들과의 소통을 통해 새로운 아이디어와 기법을 배우고, 이를 내 강의에 적용하는 과정을 거친다. 이러한 경험은 나의 강의 스타일을 더욱 발전시키고, 청중과의 신뢰를 쌓는 데 이바지한다.

강사의 비전과 목표 설정은 단순한 개인의 꿈을 넘어, 청중과의 연대감을 강화하고, 교육의 가치를 높이는 데 필수적이다. 나는 이러한 목표를 향해 끊임없이 나아가며, 새로운 것을 배우고 학습하기를 멈추지 않을 것이다. 이를 통해 나는 더욱 멋진 강사로 성장하고, 청중과 함께하는 여정을 지속할 수 있도록 노력할 것이다.

함께 가는 이인삼각

김현숙

20년 가까이 강사 활동을 하면서 큰 비전이나 목표를 세웠던 적은 별로 없었던 것 같다. 그냥 무심코 생각하고, '이렇게 되면 좋겠다.'라고 생각하면 언젠가는 기회가 오고, 그 기회를 놓치지 않고 노력을 하니 이루어졌던 것 같다. 강사도 마찬가지였다. 강사를 하려고 작심하고 시작한 일은 아닌데, 어느 순간 우연한 기회에 강사가 되었고, 해보니 사명감이 느껴졌고, 재미도 있었다. 40세가 넘어 시작한 일이었는데, 나에게 딱 맞는 옷을 입은 것 같은 느낌으로 천직이라는 생각을 하였고, 지금도 그 생각은 변함이 없다.

장애 관련 강의를 시작하고 나서 필요에 의해 목표가 생기곤 하였다. 앞서 이야기했듯이 성교육, 학교폭력, 생명 존중 등 모두 필요에 의한 목표였고, 그 목표들을 하나씩 이루다 보니 이 자리에 서게 되었다.

'이렇게 되면 좋겠다'라고 생각했던 것 중에서 요즘 실현되고 있는 것이 있다. 한 10년 전쯤, 막연하게 '발달장애인들이 나와 같은 강사로 활동할 수 있게 되면 참 좋겠다'라는 생각을 했었다. 너무 막연한 일이어서 이것을 위해 계획을 세우거나 실행할 생각도 못했고, 실현 가능성도 예측하지 못했었다. 그런데 작년에 우연히 그 기회가 오고 말았다.

한 기관에서 발달장애인을 대상으로 '장애 인권, 인식 개선 강사'를 양성해 보라는 권유를 받아 그냥 부딪쳐서 양성했는데, 올해 구청 사업으로 '찾아가는 장애인식 개선 교육, 함께 가는 이인삼각'을 하게 되었다. 이를 위해 심화 교육을 수료한 후, 실제 강의를 나가고 있는데 교육 참여자들에게 잔잔한 감동과 함께 뜨거운 반응이 나오고 있다.

발달장애인 강사와 비장애인 강사가 함께 나가서 강의하는 형식인데, 지금은 비장애인 강사가 대부분 강의하고, 발달장애인 강사가 일부만 강의하고 있지만, 역량 강화를 하여 수년 후에는 발달장애인 강사가 강의를 주도적으로 할 수 있게 하는 것이 큰 목표가 되었다.

올해 이 사업의 마무리는 구민들 대상으로 발달장애인 강사들이 총기획한 '장애인식 관련 토크콘서트'를 개최하는 일이다. 발달장애인 스스로 원고도 쓰고, 사회도 보고, 여러 가지 준비를 하며 스태프로 참여하여 각각의 역할을 담당하기로 하였다. 물론 조력이 필요하거나 너무 버거운 부분은 아낌없이 지원하고 있고, 조력이 필요한 부분은 스스로 요구하며 각자 담당한 역할을 즐거운 모습으로 열심히 수행하고 있다.

처음 시도해 보는 일이지만, 발달장애인들도 자신들의 이야기를 자신들의 목소리로 이야기하면서, 이것이 그들의 직업으로 자리 잡게 되는 날이 오길 소망해 본다.

강사의 성공은 꾸준한 배움이다

박동철

강사로서의 성장과 발전은 여러 측면에서 이루어질 수 있으며, 강사의 비전과 목표 설정은 교육의 수준을 높이고 학생들에게 발전적인 영향을 미치는 중요한 요인이다. 강사라면 누구나 강사로서 성공하고 싶어 하지만, 그렇다고 물 흐르듯이 시간이 지나면 저절로 성공하는 것은 아니다. 강사의 성공은 꾸준한 배움이 이어져야 한다. 학생들만 배우는 것이 아니라 강사는 더욱더 연구하고 부단한 노력을 기울여야 한다. 학습자는 강사를 통하여 일거수일투족을 보고 배우고 성장하기 때문에 강사는 전문적인 지식을 전달만 하는 것이 매개체가 아니라 각각 다양한 성질의 특성을 가진 학생들에게 알맞은 창의력을 심어 주고, 올바른 길로 안내하는 안내자가 되어야만 하기에 꾸준하게 배우지 않으면 강사로서 성공할 수가 없다.

학습자는 강사의 사소한 행동과 말 한마디까지 관심을 가지려고 한다. 오죽하면 숨소리까지 닮으려고 한다는 속설도 있다. 그만큼 학생들의 앞에 서는 강사는 언제나 깔끔하게 단정해야 하고, 단추 하나에도 세심한 주의를 기울여야 하며, 한순간이라도 학습자의 눈에서 벗어나면 안 되는 것이다. 그래서 나는 강의를 할 때 특히 학생들 앞에 설 때는 주로 와이셔츠에 검은색 바지를 입는다. 그런데 어느 날 강의 시작 하자마자 인사를 하고 칠판에 글씨를 쓰고 있는데, 학생들의 웃음소리가 들렸다. 왜 웃느냐고 물었더니, 아무도 말하지 않는다. 설마 하고 고개를 숙여서 바지를 보니까 뭔가 열려 있다. 사실 별거는 아니지만 누가 보고 있느냐에 따라서 중요한 문제일 수도 있다. 그 뒤로는 항상 남대문 열려 있는지 확인하는 습관이 생겨났다. 이처럼, 강사는 학습자 앞에서 작은 실수라도 하게 되면 정말 낭패를 볼 수가 있다.

그렇다면 강사는 어느 정도의 실력과 도덕적인 교양을 갖추어야 하는가? 강사의 신뢰가 무너지면 학습자는 강의를 듣지 않을 것이다. 특히 전문 분야를 강의하는 강사는 그 분야에서 최고의 실력자가 되어야 한다. 지금은 어설픈 지식으로 통하지 않는다. 구글이나 네이버에서 검색한다면, 바로 교육 내용을 확인할 수도 있기 때문이다. 전문적인 지식을 쌓기 위해서는 꾸준한 학습과 자기 계발은 필수 조건이다. 또한 학습뿐만 아니라 교수법이나 자료를 꾸준히 연구하고 업데이트해야 한다. 다양한 연수와 워크숍에 참여도 하고, 다른 강사들과 경험 및 지식을 공유도 하고, 학생들의 피드백을 통하여 개선점을 찾아내어 스스로 강사의 덕목을 발전시켜야 한다. 꾸준한 배움은 강사로서의 자기 성장뿐만 아니라, 학생들에게 질적으로 더 나은 교육을 제공하게 되며, 지금보다 더 나은 강사로서의 비전을 위해서 꾸준하게 배운다는 목표를 설정하고, 외적인 부분까지 최고의 교양을 갖출 수 있도록 노력해야 한다. 강사들의 성공은 하루아침에 그냥 이루어지지 않는다. 며칠씩 밤잠을 못 이루면서 강의록 초안을 만들고, 여기저기 검색해서 비교 검토하고, 수강생들에게 최적의 강의를 하기 위해서는 오늘도 내일도 꾸준하게 배우는 자세의 목표를 설정해야 한다.

사람들의 마음을 울리는 소통 전문가, 마음 성장 파트너
백세영

나의 비전은 사람들의 심리적 성장과 감정적 치유를 돕는 것이며, 이를 통해 그들의 삶에 긍정적인 변화를 불러오는 것이다. 진정한 소통은 표면적인 대화 이상의 의미를 지니며, 서로의 감정을 이해하고 공감함으로써 상대의 마음 깊은 곳에 울림을 주는 경험이다. 나는 이러한 소통을 통해 사람들의 마음을 치유하고 그들의 인생에 힘이 되는, 참된 소통의 전문가로 성장하는 것이 나의 목표이자 사명이라고 생각한다.

오늘날 많은 사람들이 삶의 무게와 끝없는 고민 속에서 마음의 상처를 안고 살아간다. 각기 다른 배경과 상황 속에서 서로 다른 감정을 느끼는 이들에게 단순한 위로 이상의 것이 필요하다. 나의 역할은 그들이 스스로 마음을 열고, 자기 내면을 직면하며, 이해하고 치유할 수 있는 안전한 공간을 제공하는 것이다. 이를 위해, 심리학적 지식과 풍부한 임상경험을 바탕으로 한 강의와 프로그램을 통해 실질적이고 지속 가능한 도움을 줄 수 있는 방향으로 나아가고자 한다.

나는 사람들의 심리적 도전과 어려움을 극복할 수 있도록 지속적인 피드백과 지지를 제공하는 동반자가 되고 싶다. 그들이 자신의 내면을 탐구하고, 더 나은 자신으로 성장하는 여정에서 함께하는 존재가 되어야 한다고 믿는다. 이를 실현하기 위해 상담 프로그램, 소그룹 워크숍, 그리고 심리적 회복력 훈련을 포함한 다양한 방법을 연구하고 실천함으로써, 깊이 있는 소통의 장을 마련하는 것이 나의 또 다른 목표이다.

심리적 회복력, 즉 고난과 좌절 속에서도 무너지지 않고 다시 일어설 수 있는 내면의 힘을 키우는 것은 오늘날 매우 중요한 능력이다. 사람들은 누구나 각자의 삶에서 시련을 겪기 마련이지만 그 과정에서 자신의 약점을 있는 그대로 받아들이고 이를 극복할 힘을 기르는 것이 중요하다. 나는 강의를 통해 사람들에게 이러한 내면의 힘을 기를 방법으로 가르치고, 그들이 자신을 더 깊이 이해하고 자신을 치유할 수 있는 도구를 제공할 것이다.

나의 강의는 단순히 지식을 전달하는 차원에서 벗어나, 사람들이 새로운 에너지를 얻고 자신을 돌볼 수 있는 공간이 되기를 바란다. 마음이 지친 사람들이 내 강의를 통해 잠시라도 평온과 위로를 얻고, 자신이 충분히 성장할 수 있다는 믿음을 되찾을 수 있다면, 나는 비로소 나의 목표를 달성했다고 느낄 것이다. 나의 이야기를 통해 그들에게 감동을 전하고, 그들이 더 나은 자신으로 나아가는 데 힘을 보탤 수 있는 것이야말로 내가 꿈꾸는 진정한 강사의 모습이다.

궁극적으로 나는 내 지식과 경험을 통해 사람들에게 마음의 평화와 긍정적인 변화를 선물하는 '마음 성장 파트너'가 되고자 한다. 이 여정에서 함께 성장하고 행복을 나누는 것이 나의 가장 큰 보람이며, 앞으로도 끊임없이 배우고 성장하며, 진정한 소통과 마음의 울림을 통해 사람들에게 감동과 에너지를 전하는 강사의 역할을 다할 것이다. 그 길을 당당하게 걸어가며 더 많은 사람들에게 삶의 긍정적인 변화를 선물하고 싶다.

AI 시대에, 인간성을 회복하고 글로벌 리더를 키우는 길잡이가 되고 싶다

배혜숙

21세기는 인공지능(AI)을 넘어 AGI(Artificial General Intelligence=범용인공지능) 시대로 진입하고 있으며, 트랜스 휴먼과 포스트 휴먼을 향한 기술 발전이 빠르게 진행되고 있다. 인간의 한계를 기술로 극복하려는 시도가 의료, 교육, 경제 등 다양한 분야에서 혁신을 일으키고 있다. 인공지능$^{(AI)}$은 우리의 생활을 편리하게 만들고, 빠른 데이터 처리와 문제 해결을 가능하게 하고 있다.

그러나 인공지능$^{(AI)}$의 발전이 가져온 이점과 함께 우리는 무거운 윤리적 질문과 마주하게 된다. 인공지능$^{(AI)}$이 무기로 사용될 가능성, 인간성의 상실, 그리고 기술이 인간의 역할을 대신하는 시대의 도래는 심각한 우려를 낳고 있다. 범 인공지능$^{(AGI)}$이 인간의 의지와 판단을 넘어서는 결정들을 내리는 순간, 인간다움이란 무엇인지에 대한 깊은 고민이 필요하다. 이런 상황에서 우리는 기술과 인간성의 균형을 찾는 것이 필수적이다. 인공지능$^{(AI)}$이 우리 삶에 깊이 침투한 지금, 기술을 통제하고 윤리적인 틀 안에서 활용하는 방안에 대한 논란은 계속되고 있다.

이런 시대적 배경 속에서, 나의 비전과 목표는 인간성을 회복하는 데 초점을 맞추고 있다. 인공지능$^{(AI)}$의 편리함 속에서도 인간다운 인간, 가슴이 따뜻한 사회를 만드는 것이야말로 진정한 성공이라고 믿는다. 나는 강사로서, 사람들이 진정한 행복과 성공을 이루기 위한 꿈을 찾을 수 있도록 돕는 역할을 하고자 한다. 이 과정에서 나는 단순히 지식을 전달하는 것을 넘어, 사람을 살리고, 세상을 살맛 나게 하는 통로가 되고 싶다.

나는 내가 잘 활용할 수 있는 내면 심리 종합 검사 도구들을 통해 사람들로 하여금 자기 자신이 누구인지, 무엇을 원하는가에 대해 명확히 알도록 도울 수 있다. 또한 각자가 가진 많은 자원들을 발견하고 활용할 수 있게 돕고, 건강한 뇌로 회복시키는 과정을 통해 사람들 속에 잠재되어 있는 가능성을 끌어낼 수 있다. 이러한 과정은 단지 개인의 성장을 넘어서, 대한민국뿐만 아니라 세계를 선도하는 글로벌 리더를 양성하는 데 이바지할 것이다.

나는 희망을 선물하는 강사가 되어, 사람들에게 꿈을 심어주고 그 꿈을 실현할 수 있도록 도울 것이다. 인간다운 사회를 회복하고, 진정한 행복을 찾는 여정에 함께하며, 내가 서 있는 자리에서 세상을 긍정적으로 변화시키는 통로의 역할을 다하는 것이 나의 비전이며 목표이다. 범 인공지능(AGI) 시대가 다가올수록, 따뜻한 가슴과 냉철한 판단을 가진 리더들이 이끄는 사회가 필요하다는 것을 마음에 새기고자 한다.

많은 중장년층이 마술의 세계에 발을 들여놓도록 등불을 밝히는 것

소경희

나에게는 앞으로도 할 일이 너무나 많다. 혼자서는 다 할 수 없는 일들이지만, 요즘 중장년층이 마술 강사로서 공연자로 활동하기에 좋은 시대가 열리고 있다. 조금의 여유만 있다면, 우리 매직 가게에서 필요한 도구를 사고, 내가 연출한 영상을 보며 마술을 익히고, 즐거운 연습을 통해 많은 이들에게 기쁨을 주고자 한다. 나는 집에서, 사무실에서, 공터에서 마술사와 마술 강사를 꿈꾸는 이들을 위해 그 꿈을 실현하는 것이 내 일이다.

2014년에 이주용 고문 이사님과 고 안성우 교수님이 만들어 주신 대한민국 청춘 마술연합회는 어른들을 위한 마술 놀이터로, 올해로 벌써 9번째 마술 대회를 맞이한다. 이 무대에서 함께한 어른들과 무대 스태프는 1년에 한 번의 추억을 쌓으며 다시 1년을 기다린다. 이러한 경험은 단순한 공연을 넘어, 사람들 간의 유대감을 형성하고, 서로의 꿈을 응원하는 소중한 시간이 된다.

어울림, 국제예술축제협회는 어른들의 친교와 마술 실력을 쌓기 위해 줌과 오프라인으로 만나 공부하는 모임이다. 이 모임은 설립된 지 3년밖에 되지 않았지만, 매년 5~8회의 콘서트를 개최하며, 그 과정에서 인생의 후반기를 마술로 맺어진 귀한 친구들과 함께 애경사를 나눈다. 이들은 어우러져 비빔밥처럼 다양한 색깔을 가진 공동체를 형성하고, 서로의 삶에 활력을 불어넣는다.

앞으로의 비전은 이 모든 경험을 바탕으로, 더 많은 중장년층이 마술의 세계에 발을 들여놓도록 돕는 것이다. 마술은 단순한 오락을 넘어, 사람들의 삶에 긍정적인 변화를 불러오는 힘이 있다. 나는 이 꿈을 실현하기 위해 지속적으로 목표를 설정하고, 그 목표를 향해 나아가는 과정을 소중히 여길 것이다.

나는 앞으로도 마술을 통해 사람들을 연결하고, 그들이 자신의 꿈을 실현할 수 있도록 지원할 것이다. 이를 위해 마술 강사로서의 전문성을 더욱 높이고, 다양한 교육 프로그램과 워크숍을 통해 나의 지식을 나누고자 한다. 나의 가슴에 꿈이 있는 한, 나는 청춘이다. 이 꿈을 실현하는 과정에서 얻는 모든 경험은 나를 더욱 성장하게 할 것이며, 다른 이들에게도 영감을 주는 원동력이 될 것이다.

이러한 비전과 목표 설정은 내가 나아가야 할 길을 밝히는 등불이 될 것이며, 마술사와 마술 강사를 꿈꾸는 이들에게도 희망의 메시지를 전달할 수 있도록 힘쓸 것이다.

에필로그

김순복

여러 명이 모여 한 권의 책을 내기란 쉽지 않은 일이다. 바쁜 중에
도 끝까지 잘 참여해 준 집필진 작가들에게 감사의 마음을 전한다. 강
사는 학습자들과 더 좋은 만남을 위해 오늘도 내일도 늘 자기 계발을
위해 단련 중이다. 그 대열에 명강사 시크릿 작가들이 함께할 수 있어
기쁘다. 명강사 시크릿이 강사를 시작하는 사람들이나 현업 강사들에게
영향력이 있는 책으로 자리매김되길 바란다.

강혜원

이 책은 끝까지 함께해 준 모든 이들에게 바치고 싶습니다. 진정한 배움은 가르침 속에서 완성되며, 열정을 품고 도전하는 이들의 손에서 더 큰 기적이 일어나길 바랍니다. 여러분의 꿈을 응원하며, 세상에 선한 영향력을 펼치는 명강사로 거듭나기를 기원합니다. 앞으로의 여정에도 끝없는 배움과 성장이 있기를 응원합니다.

김성희

글을 쓰는 시간이 나의 삶을 되돌아보고 강사로서의 삶의 의미를 깨닫는 과정이 되었으며, 새로운 통찰과 정체성을 인식하는 계기가 되었다. 유능한 강사를 꿈꾸며 자신의 목표와 가치에 대해 고민하는 누군가가 이 책을 읽기를 소망한다. 비록 보잘것 없고 소박한 글이라 부끄럽지만, 꿈꾸는 이에게 희망과 성장을 위한 작은 시작점이 될 수 있기를 바란다.

김수연

세상을 변화시키고, 사람을 변화시키는 가장 강력한 도구는 교육이라고 생각합니다. 지금 당신의 손에 들린 이 책이 강사가 되어 있는, 강사가 되고자 하는 여러분을 변화시키고, 성장시킬 것입니다. 저에게는 인생 첫 번째 책을 한국강사교육진흥원과 함께해서 행운이었던 것 같습니다. 감사합니다.

김순화

《내 안에 꽃으로 핀 그대》 시집을 만들고 이번엔 책을 준비하면서 '하면 된다. 일단 시작부터가 출발이다.'라는 생각이 들었다. 한 걸음 한 걸음 도전하면서 미래의 꿈을 꾸다 보면 그 꿈이 실현된다는 것을 다시 한번 깨닫는다. "도전하자. 실천하자. 자신을 믿자. 사랑하자."라는 말을 남기고 싶다. 여러분들도 도전과 실천과 자신의 믿음과 사랑으로 다 같이 함께하길 기도한다.

김현숙

책을 집필하는 것은 내가 할 수 있는 일이 아니라고 생각하여 한 번도 시도해 보지 않았는데, 김순복 원장님의 추천으로 내 생애 첫 저서를 출간하게 되었다. 혼자 하면 못 했을 텐데 12명의 강사님들과 함께여서 가능했던 것 같다. 강사를 꿈꾸는 분들에게 꼭 필요한 필독서가

될 수 있길 바라며, 이 책이 탄생할 수 있도록 애써주신 한국강사교육
진흥원에 감사 말씀을 전한다.

박동철

세상의 모든 문이 닫혀 있을지라도, 교육이라는 문은 여기에 항상 열
려 있으니, 이 책에 담겨있는 보석 같은 소중한 내용들이 모두에게 조금
이라도 보탬이 되고, 더욱 발전하는 계기가 되었으면 좋겠습니다. 아울
러 명강사 시크릿을 발간할 수 있도록 도움을 주신 분들께 깊은 감사를
드리며, 훌륭하신 강사님들과 함께, 공저를 집필하게 된 것을 감사드립
니다.

배혜숙

언젠가 책을 펴내고 싶었던 간절한 꿈이 '명강사의 철학과 비전'을
통해 이루어져 정말 감사합니다. 이 책이 나오기까지 아낌없이 조언해
주신 김순복 원장님과 함께 협력해 주신 분들께도 감사드립니다. 책 집
필 과정이 제 마음 속 작은 꿈을 싹트게 하고, 꽃을 피우게 하는 기쁨
이었듯이, 이 책을 읽는 분들도 이 책을 통해서 행복한 꿈을 키우고,
인생의 풍성한 열매가 되기를 기대합니다.

백세영

　명강사들의 발자취를 따라가며, 우리는 깊은 통찰을 마주했습니다.

　진정한 강의는 지식 전달을 넘어 마음을 움직이는 힘, 영혼을 나누는 가르침이 있다는 것을 배웠습니다. 이 책이 여러분의 강의에 새로운 영감을 불어넣고, 더 큰 울림을 전하는 도구가 되기를 바랍니다. 이제, 당신의 무대에서 그 감동을 온전히 펼쳐 보세요.

소경희

　㈜한국강사교육진흥원에서 활동하면서 책을 집필하게 되었습니다. 도움을 주신 김순복 원장님께 감사드립니다. 이 책은 바쁜 중에 해낸 작업이라 저에게 더욱 의미가 큽니다. 도전하는 자에게 성공은 늘 가까이에 있는 것 같습니다. 여러분에게 이 책이 도전의 씨앗이 되길 바라면서 성공의 여정에 힘찬 박수를 드립니다.

이남희

　교육이 사람을 성장시키고 변화시킨다는 생각으로 강의에 진심을 담아 600회 이상의 강의만 진행하던 강사로 생활하던 제가 저서를 낼 수 있을 거란 생각을 한 번도 못 했습니다. 코로나 시기에 한국강사교육진흥원에서 꾸준하게 강의를 듣고 강사로서 성장하여 첫 저서를 출간하게 되어 매우 기쁘게 생각합니다. 바쁜 강의 활동을 늘 응원하고 지지해 주신 부모님과 나의 보물 세 아들과 남편에게 감사드리고, 저서를 쓸 수 있도록 많은 지도와 도움을 주신 한국강사교육진흥원의 김순복 원장님과 운영진에게 감사드립니다. 또한 함께 준비한 12명의 강사님들께 감사드립니다. 이 책이 강의하는 많은 강사에게 도움이 되길 바랍니다.

이형모

이번 글을 쓰면서 많은 것을 배운 것 같습니다.

말로써 청중에게 전달하고 싶은 뜻을 형상화해서 설득력 있게 전달한다는 것은 쉬운 일은 아니라고 생각합니다. 청중을 설득력 있게 서로의 공감대를 형성하기 위해서는 많은 정보와 현재의 진행되고 있는 사설 또한 뜻을 전달하려는 매체가 필요하고 구성력 있고 깔끔하고 부드러운 이미지의 명강사로 호응을 얻기 위해서는 많은 연습이 필요하다고 생각합니다.

집필진

김순복

청중의 변화를 디자인하는 변화디자이너

전문 분야: 강사양성, 공문서 & 보고서 작성법
[주요 경력]
㈜한국강사교육진흥원장
가천대 명강사 최고위과정 책임 교수
한국강사신문 기자 / 칼럼니스트
전) 경기도교육청 교육행정 공무원
전) 삼성전자 반도체사업부 사무행정

강혜원

마술융합교육의 중심 발명매직아티스트

전문 분야: 마술융합교육 강사양성 · 교육프로그램
컨설팅
[주요 경력]
(전)달서구청평생교육컨설팅 위원
강혜원교육발명마술연구원 대표
문화예술교육연구회가온협동조합 이사장
(사) 한국마술학회운영 이사
대한민국청춘마술연합회 9대 회장

김성희

통찰과 성장으로 이끄는 마음 멘토

전문 분야: 예술 인문학, 중독·스트레스 매니지먼트
[주요 경력]
㈜한국강사진흥원 수석위원
김성희음악치료연구소(마음on통합심리지원센터) 대표
㈜마음의 숲 군인성 및 육군 그린캠프 심리지원 강사
전) 숙명여자대학교 음악치료대학원 실습슈퍼바이저
전) 명지대학교 콘서바토리 강사

김수연

마음 토닥 힐링 강사

전문 분야: 시니어 인문학, 힐링, 소통, 스트레스, 감성
[주요 경력]
㈜한국강사교육진흥원 수석위원
동두천시 노인대학 강사
법정의무교육 강사

김순화

미래 수업의 창작 안무 연구가

전문 분야: 노인치매인력양성과정 지도사양성
[주요 경력]
신라대학교 평생교육원 치매 인력양성과정 교수
신라대학교 자원봉사단 부단장
㈜한국강사교육진흥원 선임연구원
노인 워십 레크레이션 안무가
국가 공인 노인스포츠지도사 생활체육 에어로빅지도사

김현숙 ·····································

삶에 가치를 불어 넣어 주는 인권비타민

전문 분야: 인권, 성교육
[주요 경력]
㈜한국강사교육진흥원 책임연구원
국가인권위원회 위촉강사
한국양성평등교육진흥원 위촉 강사
한국장애인고용공단 직장내 장애인식 개선 강사
전) 한국열린사이버대학교 사회복지학과 특임교수

박동철 ·····································

건강과 생명을 지키는 파수꾼

전문 분야: 건강운동관리, 생활안전지도
[주요 경력]
대한소생협회 회장
㈜한국강사교육진흥원 수석위원
특수임무구조단 부단장
대한스키협회 이사
한양대학교 체육학석사

배혜숙 ·····································

행복한 꿈과 성공의 길잡이

전문 분야: 진로 및 리더십 교육, 마음 코칭
[주요 경력]
㈜한국강사교육진흥원 교육위원
초중고등학교 대학교 진로 및 리더십 강사
맑은물 영성훈련학교장
NPU AI융합교육과 박사 과정 재학 중
전) 중고등학교 국어교사

백세영

삶의 변화를 이끄는 마음성장 파트너

전문 분야: 인문학, 심리코칭
[주요 경력]
해피트리심리연구소 소장
(사)한국노년인권협회 문화국장
법무부 서울준법지원센터 특별범죄예방위원
(사)인구와미래정책연구원 인구교육전문강사
전)바이오리커버리랩스 센터장

소경희

마술, 다시 청춘으로, 꽃으로 피어나다

전문 분야: 마술 아티스트
[주요 경력]
㈜한국강사교육진흥원 선임연구원
JL MAGIC 마술학교 교장
사)축제문화예술협회 마술분과 전임강사
대한민국청춘마술연합회 고문
어울림국제예술축제협회 고문

이남희

변화와 성장 코디네이터

전문 분야: 커뮤니케이션, 스트레스관리와 감성코칭
[주요 경력]
드림온인재교육원 대표
㈜한국강사교육진흥원 선임연구원
수토피아HR컨설팅 파트너교수
사)한국코치협회 KAC 인증코치

이형모

청춘과 건강을 돌려주는 강사

전문 분야: 치매 예방 재활레크리에이션 지도사양성
[주요 경력]
신라대학교 평생교육원 치매 예방 재활레크리에이션 지
도사양성 외래교수
윤슬 예술단 회장
노인 치매 재활지도사
공인 노인스포츠 지도사